KB220661

내 인생은
별 볼 일 있는
삶이에요

내 인생은 별 볼 일 있는 삶이에요

초판인쇄 2019년 6월 20일
초판발행 2019년 6월 20일

지은이 육문희
펴낸이 채종준
기획 · 편집 신수빈
디자인 홍은표
마케팅 문선영

펴낸곳 한국학술정보(주)
주소 경기도 파주시 회동길 230(문발동)
전화 031 908 3181(대표)
팩스 031 908 3189
홈페이지 http://ebook.kstudy.com
E-mail 출판사업부 publish@kstudy.com
등록 제일산-115호(2000. 6. 19)

ISBN 978-89-268-8857-5 13040

세 자녀의 엄마이자
심리상담사인 작가의
위로와 공감 에세이

내 인생은
별 볼 일 있는
삶이에요

육문희 지음

이담
Books

"

내가 살아온 청년 시절은 주체적인 삶을 산다는 것이
아주 극히 드문 일이었다.
새로움을 추구하는 것도 독특함을 지향하는 것도
어리석고 무모한 일이라 치부 받았던 시대였다.
물론 나는 그에 저항하며 반항으로
똘똘 뭉친 문제아로 낙인찍혔었지만 말이다.
어찌 보면 지금의 청년들도 그때와 별반 다르지 않은 것 같다.
그때는 극히 일부였던 자유주의 사상이
지금은 좀 더 많아졌다는 것뿐,
여전히 삶에 치이고 세상 사람들의 이목에 끌려다니는 것은 여전하다.
우리의 문제는 아주 사소한 일에도 화들짝 놀라며
마음의 빗장을 꼭꼭 걸어 잠그는 데 있다.
그러나 사실 그렇게 놀라고 뒤로 숨을 만큼 대단한 일은 없다.
그저 인생에서 지나가는 바람이었을 뿐,
당신을 해칠 만한 그 무엇도 아니다.

어찌 보면 우리는 조금은 뻔뻔하고 둔하게 살아갈 필요가 있다.
세상은 여전히 시끄럽지만, 소음을 차단하려면
내가 세상에서 고립되거나 어디 산속 깊은 곳에 은둔하는 길밖에는 없다.
그러나 그러기엔 우리는 너무나도 젊고 심장은 뜨겁다.
그러니 어쩌겠는가. 세상과 정면으로 마주하는 수밖에.
세상일이란 우리가 생각하는 것에 비해
사실은 터무니없이 작거나 별거 아닌 경우가 많다.
소리만 크고 배경만 거창할 뿐이다.
알고 보면 그동안 긴장감과 두려움에 잔뜩 주눅 들어 있던 날들이
억울할 만큼 아무것도 아닐 수 있다.

그럼에도 여전히 당신에게는 삶이 온통 위험투성이로
자신을 숨 막히게 한다고 생각할지도 모르겠다.
그래서 몸이 할 수 있는 최대한의 방어 태세를 갖추고 있을지도 모른다.
그것은 스트레스로 작용하여 우리의 심혈관을 수축시키고

삶의 영역 또한 위축되게 만든다.

온갖 걱정과 시름, 고민과 갈등, 비난과 미움 등의 감정을 허용하며

최대한 자신의 몸을 작아지게 만드는 것은 아닌지.

삶이 우리를 지배하도록 내버려 두어서는 안 된다.

삶을 살아가는 것은 바로 나 자신이다.

어떠한 삶을 살아가든 우리는 자기만의 방식대로

자신의 역할에 충실하면 그만이다.

우리는 현실에서 일어나는 모든 일에 대한

감정들을 표현할 자유와 권리가 있다.

그러나 그것이 사람을 해치는 무기가 되어서는 절대 안 된다.

서로 공존하며 살아가는 세상에서

나보다 나은 사람도, 못한 사람도 없음을 인정하고

각자 자기의 모습대로 살아간다는 것은

존재의 가치를 부여하는 일이 된다.

당당하되 무례하지 않으며,

자유롭되 남의 영역을 침범해선 안 된다.

이 책은 현재를 살아가는 사람들이
자신의 영역을 되찾고 타인의 시선에서
좀 더 자유롭기를 바라는 마음을 담았다.
어디에서든 오롯이 자신의 모습으로 당당하게 서되
비굴하지 않으며, 자유롭되 오만하지 않기를 바라는 마음도 담았다.
모든 사람들이 꿈꾸는 행복을 누리는 것은 다른 누군가가 아니다.
바로 지금 이 책을 읽는 당신이 그 모든 행복을 누렸으면 좋겠다.

"

제1장

'나'다움에
끌려다니지
말 것

자존감이란
친구를 만나다

자존감이 뭐길래 사람의 마음을 옭아매고
삶에서 벗어날 수 있는 권리를
포기하게 하는 건지
많은 심리학자들은 이미 오래전부터 자존감 회복의 중요성을
방송이나 책을 통해 수도 없이 다루어 왔지만
여전히 그것은 숙제로 남아있을 뿐이다.

자존감은 아주 어린 시절 언젠가
부모의 양육형태로, 혹은 주변의 누군가로부터 영향을 받아
한없이 작아져 버린 경험이 원초가 된다.
특히 불안정한 애착이나 언어 학대, 폭력, 외면 등을 경험한 경우
자존감은 더욱 형편없이 망가진다.

그로 인해 세상이 만들어 놓은 기준이나 평가에 상관없이
스스로 위축되어 자신을 과소평가하는 것으로
위안을 얻으려 한다.

그러나 우리가 유념해야 할 점은
자존감은 살아가는 과정에서
어떤 사람을 만나고 어떤 환경을 만나느냐에 따라
달라질 수 있다는 것이다.

심리학자 나다니엘 브랜든(Nathaniel Branden)은

그의 책 『자존감의 여섯 기둥』에서

건강한 자존감을 위한 두 기둥으로

'자아 효능감' 과 '자아 존중감' 을 꼽았다.

'자아 효능감' 은 현실을 직시하고 자기를 신뢰하며

유연하게 변화에 대처하는 능력을 말하며,

'자기 존중감' 은 자기 자신을 사랑하고 존중하며

가치를 부여하는 마음을 말한다.

넘어진 마음 일으키기

자존감을 높이는 과정은
누구도 위협하지 않은 상황에서 위축되고 작아지는 자신의 모습을 보고
두려운 마음과 대면하는 것부터 시작된다.
물러서고 도망가기보다는 그 상황에 맞서고
극복하기 위해 시도해야 한다.
그러나 우리 사회는 위축된 자존감을 지켜내고
세워갈 수 있는 환경을 호락호락 내어주지 않는다.
갑질 논란은 이미 사회문제로 불거져 이슈화되고 있지만
그것을 논하는 것조차 새삼스러울 만큼
사회는 갑의 편으로 기울어져 있다.
거절당한 이력서에 자존감은 넘어지고
갑질에 굴복해야만 하는 현실에서 또 넘어질 수밖에 없다.

여전히 사회는 서열을 구분하고 이에 굴복해야만 살아남는 분위기다.
학력과 형편, 빈부의 격차로 수준을 가르고 마치 그것이
사람의 가치를 증명하기라도 하듯
그저 참고 버티라고만 한다.
이런 상황에서 자존감을 지키고
회복하는 일은 점점 어려워질 수밖에 없다.

내 인생은
별 볼 일 있는 삶이에요

사람들은 말한다.

그게 어디 말처럼 쉽냐고.

그렇다면 우리는 어떻게 해야 무너진 자존감을 회복하고

이 세상에서 당당하게 우리의 자리를 차지하고 살아갈 수 있을까?

자존감은 스스로 가치를 증명하는 것만은 아니다.

자존감은 누가 대신 채워주는 것이 아니며

인정받고 만족하여 생기는 것도 아니다.

자존감의 본질은 자신의 존재에 대한 인정과

독창적인 사람으로서

존중받을 가치가 있는 사람이라는 것을 깨닫는 것이다.

그동안 아무리 노력해도 달라지지 않았던 건

바로 깨달음 없이 노력만 했기 때문이다.

자신을 소중히 여기는 마음 없이는

다른 누구를 건강하게 사랑하지 못하고

자신을 신뢰하지 못하면서 변화를 시도한다는 것은 불가능한 일이다.

자신을 위해 아무것도 하지 않으면서

어떤 결과를 기대한다는 것은 욕심일 뿐이다.

관계 속에서도 마찬가지다.

상대의 삶이나 서열에서의 우위를 존중해주고
치열하게 살아가는 그의 모습을
인정해주는 것 또한 자신에게 이로운 일이다.
자존감은 자신에 대한 신뢰는 물론
다른 사람을 인정하고 존중해주는 것으로
삶의 문제를 해결하고 목표를 달성하는 경험에서 생성된다.
결국, 자기 자신이 주체가 되는 것이다.
자신을 스스로 충분히 이해하고 의식하며 존중해야 한다.
내가 아닌 다른 사람이 주체가 된 삶은 결코 행복할 수 없다.
즉, 내 삶을 운영해 나가는데 '나' 이외의 사람은 있을 수 없다.

내 인생은
별 볼 일 있는 삶이에요

진짜 '나'다움을
찾을 것

"너답지 않게 왜 그래?"
내 편에서 나를 알아주고 이해해주는 듯한 말 같지만
말뜻을 가만히 보면 이것은 어디까지나 함정에 지나지 않는다.
나를 가장 잘 안다고 자부하는 사람이
'너답지 않게 왜 이래', '너 이런 사람 아니잖아'라고 했을 때
더 이상의 행동을 할 수 없었던 경험, 혹시 없었는가?

나답다는 건, 도대체 뭘까?
평소 배려심이 많고 긍정적인 성격을 가진 한 친구가
무례를 범한 어떤 사람을 두고 볼 수 없어 나무라며 호통을 쳤다.
사람들은 놀라 말리며 말했다.
"너답지 않게 왜 그래?"

이를 바꿔 말하면 다음과 같다.

"화는 너 같은 사람이 내는 것이 아니야."

"너는 긍정적이고 배려심이 많은 사람이잖아."

"너는 그냥 평소처럼 좋게 생각하면 되는 거야."

'나는 착한 사람', '나는 조용한 사람', '나는 이성적인 사람'

이라는 단편적인 언어들로 자신을 표현하거나

다른 사람들이 하나의 브랜드처럼 붙여주기도 하는데

이것은 어느 순간 몸에 배 '나'란 사람을 규정해 버린다.

우리는 그렇게 자신을 스스로 규정하기도 하고

규정할 수 있다고 착각하기도 한다.

물론 착한 사람이라는 소리를 듣고 싶어 하는 사람도 있다.

그러나 때로는 착한 사람도 화가 날 때도 있고, 억울할 때도 있다.

조용한 사람도 때로는 천방지축 뛰어놀 수도 있고,

이성적인 사람도 슬픔에 빠질 수 있다.

"너답지 않게 왜 이렇게 감성적이야?"라는 말을 들었을 때

난 의아했었다.

평소 이성적이고 논리적이며, 밝고 긍정적인 이미지가 강했던 터라

어느 순간 감성에 빠지는 내가 부끄러웠다.

나는 왜 감성에 빠지면 안 되는 거지?

어느새 나도 모르는 사이 다른 사람들이 붙여준 규정이 몸에 배

아주 익숙하고 편안한 옷처럼 나의 일부가 되었다.

사람을 제압하기에 좋은 '너답다는 것'

이 말은 마치 그 사람을 인정해주고 칭찬해주는 것처럼

들릴지도 모른다.

그것이 바로 오묘한 함정이다.

자기 뜻대로 사람을 움직이려는 의도.

대부분의 사람들이 이 덫에 걸려 살아간다고 해도 무방하다.

그래서 우리는 '나'답게 사는 것이 아닌

다른 사람들이 원하는 대로 살아가는 것일지도 모른다.

세상은 우리에게 너무 많은 사회적 제약을 준다.

흔히 남자답다, 여자답다, 성공한 사람답다 등

때로는 자유롭고 싶은 사람들에게

직접 정하지 않았고, 자신이 어떤 사람인지 정확히 알지도 못하는데

사회는 나보다 앞서 나를 판단하고 평가하여 올가미를 씌우려 한다.

'모나리자의 덫'이란 말이 있다.

이 말은 여자 스스로 파놓은 함정을 의미한다.

늘 미소 짓는 모나리자처럼

착한 아이 콤플렉스에 빠지지 말라는 것이다.

나는 의외로 내가 지금까지 생각해 왔던 것보다
훨씬 더 괜찮은 사람일지 모른다.
이런저런 제약들을 거부하고
내가 느끼는 행복을 우선으로 여기는 것이 중요하다.
다른 사람들의 규정에 맞춰 살아오느라
그동안 많이 힘들었던 나에게 자유를 허락하고
진정 나다운 것은 무엇인지 진지하게 생각해 볼 수 있는
여유를 누려야 한다.

자기 자신을 신뢰하기

나답다는 건 일단 내가 어떤 사람인지 분명히 알아야 한다.
철학적인 개념에서가 아니라
내가 좋아하고 싫어하는 것은 무엇인지,
나는 어떤 사람이며 어떤 사람이 되고 싶은지,
무엇을 추구하고 무엇을 하고 싶은지 등
대부분의 사람들은 자신에게 이러한 질문들을 하지 않는다.
매 순간 경험하는 것들을 통해 어렴풋이 알긴 하지만

구체적으로 질문하거나 심각하게 자신을 들여다보진 않는다.
자신을 정확히 모른 채 대면하는 많은 사건과 상황 속에서
가장 먼저 닥치는 정서는 자신을 신뢰하지 못함이다.
"내가 뭘 잘못한 건 아닐까? 어떤 것이 옳은 것이지?"

나라는 기준이 정확히 세워지기 전에
'나'다움을 알아채는 것은 어려운 일이다.
다른 사람이 본 나와 내가 아는 나는 현저히 다르다.
그것은 자칫 나를 옭아맬 함정이 될 뿐
절대 나를 규정할 수는 없다.

여전히 우리는 주변 환경과 관계망을 형성하여
상호 의존하는 존재들이다.
자신만의 삶과 철학을 앞세워 자유롭게 살기보다는
부모와 사회 또는 집단에서 원하는 기준에 따라 살아가는 데 익숙하다.
사람들은 그것이 최선이며 현실에 적응하는 능력이라 말한다.
세상은 자문과 탐색을 요구하며 자신만의 삶의 철학과 방식을
세워나가라 말하지만
현실은 맡은 바 임무의 도리를 배우고
사회가 요구하는 바대로 맞춰 살아가는 것이 현명하다고 말한다.

내 인생은
별 볼 일 있는 삶이에요

그러다 보니 우리는

현실과 다른 이상을 바라볼 뿐

자신이 어떤 사람인지조차 모른 채

젊은 날의 초상화를 가슴속 깊이 묻어두고 여전히 방황한다.

'나 지금 이대로 괜찮은 걸까?'

'내가 지금 잘살고 있는 것일까?'

'어떻게 사는 것이 제대로 사는 것일까?'

그리고는 다시 제자리에 머문다.

정답을 모르므로 익숙함에 머무를 수밖에 없다.

새로운 것에 대한 경험과 탐색만큼 자신을 성장시키는 일은 없다.

경험을 통해 스스로 판단하는 능력이 생기고

결정의 기회가 주어지기도 한다.

내가 결정권을 가지고 있기에

강력하게 주장하는 것이 '나'다움이 아니고

배려심이 많다 하여 무조건 양보하는 것도 '나'다움은 아니다.

자신에 대한 이해는 물론 스스로 판단하고 파악하여

문제를 해결할 수 있는 능력을 갖춰나가는 것이 진정한 '나'다움이다.

자신의 삶을 돌아보자.

하루하루 있었던 일이나 그 일들을 해결하거나 대처하는 자신의 방식을 노트에 기록해 보는 것도 좋은 출발이다.
사소한 습관이나 행동 하나하나가
자신을 대변하는 좋은 자료가 된다.

내 인생은
별 볼 일 있는 삶이에요

현실에서
도망치지 말기

현대 아이들은 치열한 경쟁 속에서
죽을힘을 다해 공부한다.
모두가 원하는 대학이나
꿈에 그리던 직장에 들어가고자 스펙을 쌓고,
아침부터 늦은 저녁까지
시간과의 싸움에 여력이 없다.

그렇게 앞만 보고 달리다가 성인이 된 어느 날 문득 돌아보니
지나온 시간의 의미는 모두 사라지고
앞으로 나아갈 방향은 보이지 않는다.
"내가 누굴 위해, 무엇을 위해 살아온 거지?"
"내가 하고 싶은 일은 무엇이었지?"

"내가 좋아하는 일은 무엇이지?"
"너무 멀리 와버린 것은 아닐까?"

아주 오랫동안 자신이 무엇을 하고 싶은지, 무엇을 원하는지
까마득하게 잊어버리고 달려온 시간
누군가의 지시로, 혹은 압박으로 잃어버린 감각들이
하나둘씩 되살아나면서 고통은 시작된다.
고통을 느낀다는 것은 아직 살아있다는 증거다.
감각을 되찾는 것은 하마터면 영원히 미지의 영역으로 남을 뻔한
자기 삶 본연의 모습을 깨닫는 과정이다.
그 과정에서 자신이 원하는 방향을 찾게 되고
그 길에서 비로소 참된 자유의 기쁨을 느끼게 될 것이다.

그대는 아는가!
지금 어디로 가기 위해 그렇게 달리고 있는지?

나는 어린 시절부터 항상 부모님의 강압에 저항해왔다.
부모님의 바람과 나의 선택은 언제나 빗나갔고
그런 일이 있을 때마다 집안은 시끄러웠다.
사춘기 시절에는 나의 여러 자매 중 유독 나 혼자만

내 인생은
별 볼 일 있는 삶이에요

착한 아이가 되기를 거부했던 것 같다.
그러니 뜻대로 따라주지 않는 나를
부모님이 마땅히 여기실 리 없었다.
그런 나와는 달리 다른 자매들은 한 번도 부모님의 뜻을
거역한 적이 없었던 거로 기억한다.
나이 차이가 컸던 언니들은 학교를 졸업하고
일찍이 사회의 일원이 되어 주어진 일에 매진하며
성실하게 살았다.

두 살 터울인 동생은 항상 전교 1, 2등을 하는 우등생이자 모범생이었다.
친구를 좋아하고 이성에 관심이 많았던 나와는 다르게
동생은 부모님의 마음을 흡족하게 해드리는 착한 아이였다.
그러나 난 착한 아이가 되지 못해 인정받지 못하는 것을
두려워하지 않았다.

부모님이 기대하는 일보다 내가 하고 싶은 일을 하는 것이 더 중요했다.
그때는 어린 소녀에 불과했고 혼자 힘으로는 아무것도 할 수 없는 것이
속상해 반항하는 모습으로 저항하는 것밖에는 아무것도 할 수 없었다.
가끔은 피곤한 일과를 마치고 잠드신 부모님의 얼굴을 보며
눈물을 흘렸지만 말이다.

내 인생은
별 볼 일 있는 삶이에요

현실에서 도망치지 말기

부모님의 반대에도 불구하고 내가 원하는 대학에 입학했지만
4년 내내 정체성 혼란을 심하게 겪어가며 가까스로 졸업했다.
세상에 나와보니 내가 생각했던 삶과는 현실이 너무나도 달랐다.
하나씩 경험해 가는 과정에서
스스로 나약하고 허점투성이인 나를 발견했다.
갑자기 먹구름이 온 세상을 덮었다. 난 삶이 두렵고 무서웠다.
나 자신을 실험해 볼 여지도 없이 급히 서둘러 도망쳤다.
그래서 선택한 것이 결혼이었다.
누가 강요한 것도 아니고 떠민 것도 아니었다.
선택은 내가 한 것이니 이후의 삶 또한 감당해야 할 내 몫일 뿐이었다.
그것이 비록 잘못된 선택일지언정 말이다.
이후 결혼 생활을 통해 또 다른 나를 발견하기까지는
그리 오래 걸리지 않았다.

우리는 그렇게 한 개인으로서
자신이 선택한 삶을 책임져야 할 의무가 있다.
그 삶이 기대 이상일 수도 있고 전혀 기대치에 못 미칠 수도 있다.
누군가의 기대를 충족시켜주기 위해 살아왔다면
그 삶은 과연 행복할 수 있었을까?

어쩌면 본연의 내 모습을 망각한 채
전혀 다른 삶을 살고 있었을지도 모르겠다.
삶에서 만족이란 있을 수 없다.
만족스럽지 못한 부분들을 다른 누군가에게 전가하면서
원망하고 불평하는 삶보다는
차라리 깨지고 다치더라도
내가 선택한 일에 대한 수습을 강행하는 게
떳떳할 것이다.

내 인생은
별 볼 일 있는 삶이에요

무엇이 되려고
애쓰지 않기

초등학교 때 자신의 꿈을 발표하는 시간이 있었다.

그때 나는 다른 아이들과 마찬가지로 꿈이란 것을

구체적으로 생각해 본 적이 없었다.

그저 책에 나온 위인들의 이름을 빌리거나

흔하게 알려진 직업 몇 개가 전부였다.

그 당시 장래 희망을 발표하는 시간이면 대부분의 아이들이

회사원, 선생님, 공무원, 경찰 등 아주 일반적인 직업을 말했다.

사실 그 나이에 구체적으로 직업에 관해 관심도 없을뿐더러

이해하는 것조차 어려운 일이었다.

부모나 선생님들도 직업에 대해 구체적으로 설명해 주진 않았다.

그러니 직업은 현실이고, 꿈은 이상일 뿐 아주 별개로 생각했던 것 같다.

지금도 사람들은 꿈을 꾸라고 말하지만,

꿈에 대해 구체적으로 설명해 주지는 않는다.

그러다 보니 대부분 사람들은 꿈을 생각할 때,

무엇을 하고 싶은가가 아닌 무엇이 되고 싶은가를 떠올린다.

좋은 직업을 가지고 사회적으로도 인정받는 사람들 중에도

행복하지 못한 사람들이 많다.

그들은 자신의 명성과 지위에만 열의를 올릴 뿐

그 일을 통해 국가와 사회와 개인에게 미치는

자신의 영향력엔 관심이 없다.

즉, 욕심은 가득한데 내용물은 없는 것이다.

그저 허울 좋은 이름 하나 얻기 위해 참으로 많은 세월을 보냈고

더 높이 오르는 것이 목표가 되어 또다시 치열하게 행군한다.

모든 사람들이 오랜 세월을 공부하는 일에 매달린다.

부모가 알려준 꿈과 직업을 목표로 정하고

그것을 이루기 위해 많은 시간과 물질과 에너지를 소모한다.

거기에 행복이 있을 것이란 믿음 하나로 달려왔지만

행복은 어디에서도 찾아볼 수가 없다.

꿈을 이룬다는 것은 자기 삶의 가치를

가장 최대치로 끌어올리는 상태를 말한다.

그것은 명성도, 직업도, 높은 연봉도 대신할 수 없다.

내 인생은
별 볼 일 있는 삶이에요

내면은 전혀 돌보지 않으면서 외면만 중시하는 삶에선
진짜 행복이 머무를 수 없다.
삶에서 자기 가치를 발견하고 그 안에서 충만한 삶을
이루는 것이야말로 진정한 행복이라 말할 수 있다.

잘산다는 것은

내가 생각하는 나의 가장 이상적인 모습일까?

이삼십 대 여성 100명을 대상으로 한 설문 조사 결과
자신의 외모나 외부적인 삶에 만족하는 사람은 전체의 3%에 불과했다.
그중에는 겉으로 보았을 때 꽤 아름답고 지적인 모습을 갖추었고,
무엇 하나 부족할 것 없어 보이는 사람도 다수였다.
오히려 만족한다는 3%의 사람을 믿지 못하거나 의아해할 정도였다.

사람들은 잘 안다.
세상에 만족할 만한 일은 없다는 것을.
모든 사람이 원하는 몸매 또는 얼굴을 가질 수 없다.
누구나 원한다고 해서 부귀영화를 누릴 수 없고
명문대를 수석으로 졸업할 수도 없다.

잘산다는 것에는 정답이 없다.
누군가가 그것을 정의하라고 한다면
그것을 왜 정의하느냐고 되물어야 할 것이다.
잘산다는 것은 어디에 가치를 두느냐에 따라 사람마다 다르다.
지금 내 모습이 가장 이상적인 내가 아닐 수 있듯이
다른 사람 눈에 잘사는 듯 보여도 그 이상이 어디냐에 따라
달리 평가할 수 있다.

중요한 것은 삶에 만족하지 못할지라도
내가 나인 이상 누구보다도
내 인생이 가장 가치 있고 소중하다.
좋은 사람을 나누는 기준은 사람마다 다르고
사는 모습 또한 사람마다 달리 보일 수 있다.
무엇이든 보는 관점과 가치관이 다른 것을 두고
누구도 말할 수 없다.
사람은 각자의 이상적인 삶이 있다.
내 모습이 어떠하든 내 삶이 어떠하든
나는 나다.
사람들이 원하는 정답에 못 미친다 하여
주눅 드는 일은 없어야 한다.

05
내게 가장 좋은
한 가지

십여 년 전 의류 브랜드 매장을 여러 개 운영한 적이 있었다.
품질도 좋지만 정가가 꽤 비싼 의류들이어서
매장을 찾는 고객들은 아무래도 지갑 사정이 좀 여유로운
사람들이 대부분이었다.
손님층도 다양했는데,
평소에 맘에 드는 옷을 찜해놓고 세일하기만을 기다리거나
조금은 저렴한 가격의 제품을 여러 개 구매하는 사람들,
또는 한 벌을 사더라도 고가의 제품만 선호하는 사람도 있었다.
한 사람이 구매하는 스타일을 보면
그 사람의 성격이나 취향을 알 수 있다.
자신의 스타일을 과감하게 표현하는 사람이 있는가 하면
간절한 마음보다는 다른 사람의 이목을 생각하는 사람이 훨씬 더 많다.

내 인생은
별 볼 일 있는 삶이에요

사실 내가 가장 편안함을 느끼는 것은
내가 보기에 내게 어울리는 것이다.
본인에게 가장 잘 어울리는 것을 찾아내느라
사람들은 오랜 세월 동안
수도 없이 많은 쇼핑을 하고 자신의 체형과 옷을 비교 분석한다.
쇼핑에 실패도 해보고 후회도 해보는 과정을 거쳐
최종적으로 선택한 것이
바로 자기 스타일이다.
그러다 보니 옷장에 걸려 있는 옷들이
대부분 비슷한 스타일, 비슷한 색깔이다.
가끔은 과감하게 스타일을 바꿔 보기도 하지만
결국은 두 번 이상 손을 대지 않는다.

그러나 어쩌면,
변신을 시도해보았던 새로운 스타일이
바로 진정한 내 모습일지도 모른다는 생각을 해 본다.
너무 맘에 들지만 용기가 없어서, 눈에 띄는 것이 불편해서,
자신이 없어서라는 이유 등으로
내가 진정 원하는 것을 외면해 버리는 것은 아닐까?
그렇게 우리는 다른 사람의 시선에 의해
조종당하는 삶에 점점 익숙해져 간다.

내 인생은
별 볼 일 있는 삶이에요

내게 가장 좋은 것이 무엇인지 모르고,
내가 가장 원하는 것이 무엇인지 헷갈리는 삶.

내게 좋은 것은 내가 가장 잘 알고 있다.
그것을 찾아내는 일은 누구도 대신할 수 없다.

선택은 내가 하는 것

'나다니엘 브랜든'은
"선택들은 정신 깊은 곳에 쌓이고 그렇게 쌓인 결과를
자존감이라 부른다"라고 말했다.

즉, 모든 선택은 자존감의 영향을 받는다는 얘기다.
자신을 신뢰하지 못하고 실패할지도 모른다는 두려움에 사로잡혀
선택을 어려워하는 사람들.
그들은 어쩌면 완벽해야 한다는 비합리적 신념이 강한 사람일 수도 있다.
자신의 선택이 가져올 상황을 믿는 긍정적인 생각보다
부정적인 생각에 눌려, 그 책임을 회피하기 위한 방책으로
다른 사람에게 선택의 기회를 돌려 버린다.

인생에서 선택은 필수불가결한 일이다.

자기 신뢰 없이는 선택에 장애가 생기고

선택한 것에 대해서는 반드시 책임이 따른다.

즉, 톱니바퀴처럼 맞물려 평생을 함께 가야 한다.

삐걱거림 없이 잘 굴러갈 수 있도록 기름칠을 해줘야 하고

때마다 살펴 이물질이 섞이지 않도록 관리를 해줘야 한다.

이것을 우리는 지식과 경험에 의한 지혜라고 말할 수 있을 것이다.

스스로 선택 없이는 주체적인 삶을 살아간다고 볼 수 없는데

이것을 보통 자존감의 유무로 판단하기도 한다.

내 삶의 선택권은 오직 내게 있다.

그것은 부모도, 형제도, 친구도 대신해 줄 수 없다.

물론 잘못된 판단을 할 수도 있고,

실수도 할 수 있다.

모두가 정답만을 말한다면

인생에서 시험은 불필요한 의식이 될 뿐이다.

살면서 결정한 선택에 한 번도 실패해보지 않은 사람은

아마도 없을 것이다.

그것이 교육의 기회, 연애, 직장, 결혼, 이혼

또는 크고 작은 아주 사소한 문제일지라도······.

내 인생은
별 볼 일 있는 삶이에요

그 문제들을 풀기 위해 사는 것이 인생이다.
그래서 인생은 학교라 말하지 않던가.

삶에 완벽한 답은 없다.
어떤 선택이든 스스로 책임질 수 있다면
그것으로 된 것이다.

06

누구에게나
취향은 있다

남편은 친구들과 어울려 파티하고

술을 마시며 흥겹게 저녁 시간을 보내는 것을 좋아했다.

부부 동반 모임이 잦았는데

어느 자리든 꼭 음주 · 가무가 있고

모두 술에 과하게 취해 함부로 말을 하는 것은 예사였다.

그들은 술 한 잔도 못하는 내게 내숭이라고 거듭 술을 청하곤 했다.

책과 뮤지컬을 좋아하고,

조용하게 고궁 산책이나 역사탐험을 좋아하는 나와는

전혀 어울리지 않는 사람들이었다.

그런 나를 남편은 좋아하지 않았다.

고고하고 지적인 나를 남편은 못마땅해했으며

반대로 나에겐 그들이 상대하고 싶지 않은 난봉꾼에 불과했다.

내 인생은
별 볼 일 있는 삶이에요

반대로 내가 만나는 사람들은 주로 식사하고 차를 마시며
자기 삶의 경험이나 서로 긍정적인 피드백을 주고받는 시간을 보낸다.
이런 자리에 남편이 함께하면 그 시간이 무료하여 허리를 뒤틀고
따분해하며, 어쩔 줄 몰라 한다.
몇 번을 자리를 비우고 밖에서 서성거리며 시간을 보내고 들어오곤 한다.
이 또한 그 사람에겐 못 할 짓이며 싫은 일이다.
노력에도 불구하고 그로 인해 만날 때마다 다툼이 있었고,
결국, 나는 남편에게 서로 맞지 않으니
각자의 친구들에게 이해를 구하고
방법을 찾자고 제안했었다.

무조건 나와 맞지 않는다 하여 거부하는 것이 옳다는 것은 아니다.
그러나 상대가 싫어하는 것을 억지로 강요하는 일은
삼가야 할 일이다.
사람마다 좋아하는 일도, 즐기는 놀이도, 여가를 보내는 것도 다르다.

사람들은 연인에게 혹은 배우자에게
자신의 취향에 맞춰주길 기대하거나 강요하는 이기적인 모습을 보인다.
그러나 이것은 강요할 수 있는 영역이 아니다.
서로 다른 취향을 가진 사람들은 저마다 다른 세상을 추구한다.
그 안에서 그들은 행복을 느끼고 안정을 취한다.

내 인생은
별 볼 일 있는 삶이에요

취향을 간섭하고 강요하는 일은 한 사람의 인생을
제멋대로 쥐고 흔드는 것과 다름없다.

삶을 풍요롭게 살아가기 위해서는
자신만의 취향에 당당하고 타인의 시선이나 평가를
지나치게 의식해서는 안 된다.
자기 취향은 스스로 만들고 싶은 것이 아니다.
자신도 모르게 내면에서 자연스럽게 흘러나오는 것이다.

진짜 나는 누구인가

사람이 사람을 싫어하는 것만큼 힘든 일이 또 있을까?
정신을 피폐하게 만들고 삶을 피곤하게 하는 일 중에
가장 힘든 게 사람을 싫어하는 일이다.
싫어하고 싶어서 싫어하는 것은 아닐 텐데
살다 보면 그런 사람 하나쯤은 있기 마련이다.

오래전에 친구와 말다툼을 한 적이 있었다.
이상하게도 그 친구는 내가 성취감을 느낄 때마다
못마땅함을 감추지 못했다.

어느 날 그 친구는 내가 이뤄낸 일에 대해 반감을 표하며
지나치게 예민한 반응을 보였다.
나는 그동안 쌓인 불만이 한꺼번에 밀려 나와
그 친구에게 왜 매번 부정적인 시각으로 바라보냐며 따져 물었다.
짐작은 했지만 그 친구의 대답은 내겐 충격이었다.

"네가 싫어."
그녀는 말을 덧붙였다.
"네가 사람들에게 칭찬받고 행복해하는 게 싫어."
"너 때문에 나의 존재감이 가려지는 게 싫어."

그녀의 말에 어이가 없었지만
나는 적잖이 당황했었다.
그녀가 바라본 나의 모습은 정확했다.
나는 인정받고 싶었고, 성취감을 느끼며 자만했었다.
누구보다도 뛰어나고 싶었고,
잘 해내기 위해 혼신을 기울였다.

그것이 나의 진짜 모습이었다.
하지만 내 정체성인 만큼 충분히 존중받을 권리가 있다.
그녀가 나의 정체성에 도전한 것은

자기와 다른 나를 이해하지 못하고
인정하고 싶지도 않았기 때문이리라.

사람들은 보고 싶은 것만 보려 하고
듣고 싶은 것만 들으려 한다.
그 기준의 답은 바로 자기 자신에게 있다.
그것이 내가 어떤 사람인가를 알아야 하는 이유이다.

07

원하는 것과
잘하는 것의 차이

나는 어릴 적 내가 잘하는 것이 무엇인지
잘 알지 못했다.
대학생이 되어서도 뚜렷하게 내가 무엇을 잘하는지
무엇을 원하는지 몰랐다.
그냥 이것저것 해보고 싶은 것을 하면서
고작 흉내를 내보는 것이 전부였다.
작문시험에서 매번 우등상을 받았고
논술에서 뛰어난 성적을 거두곤 했지만
구체적으로 어떤 꿈을 꾼 적은 없었던 것 같다.

내겐 강점이라곤 없는 듯 보였다.
사람들에게 친절하지도 않았고

매사에 성실하지도 않았다.

대학 시절 아르바이트를 하고자 시도해봤지만
매일 반복되는 일상이 지겨워 오래 하지도 못하고
이내 그만두는 일이 잦았다.
다른 친구들은 인내하며 잘 해내는 일들을 꾸준히 지속하지 못하는 내가
가족들의 눈에는 한심하고 어리석어 보였겠지만
내게는 답답하고 숨 막히는 일이기에 견딜 수가 없었다.

결국, 나는 그렇게 제대로 된 직장생활을 해본 적 없이
대학 졸업을 앞두고 바로 결혼이라는 굴레 속으로
들어가는 것을 선택했다.

내게는 어떠한 재능도 없었던 걸까?
그 당시만 해도 잘하는 일이나 원하는 일을 찾는다는 것은
아주 드문 일이었다.
부모의 권유나 주변 정보로 직업을 선택하고
그 일이 천직이려니 하고 살아가는 게 대부분이었다.
나는 그중에서 좀 독특하게 강요나 압박 따위에 굴하지 않았다.
주변 사람들은 내게 실망했고,
나는 세상 물정 모르는 철딱서니로 전락하였다.

그렇다고 무조건 게으르다거나 나태한 것은 아니었다.
나는 능동적이고 창조적인 일을 좋아했다.
무엇인가 남다른 방법을 찾아 다른 사람들이 해내지 못한 일을
해냈을 때의 성취감은 나를 흥분시켰다.
그러나 내겐 기회가 없었고, 안정된 삶을 추구하신 부모님은
어디로 튈지 모르는 나를 늘 불안해하셨다.

남들보다 쉽게 할 수 있는 일

일을 시작하기 전 10년 동안 전업주부로 살아온 세월은
내게 많은 것을 알게 해주었다.
나는 인테리어 하나에도 남다름을 추구했다.
무엇이든 완벽할 때까지 밤을 새워가며 일에 매진했다.
누구보다 뛰어나고자 하는 욕망이 컸다.
격식을 차리는 것을 좋아했고,
내 물건을 다른 사람이 함부로 만지는 것을 싫어했다.

무언가를 창조하고 실행하는 데 있어
아이디어를 내는 일이 즐거웠다.
다른 사람이 어렵게 생각하고 부담스러워하는 일들을

망설임 없이 실행으로 옮겨 단번에 일을 해결했다.
그러한 일들은 내가 의류사업을 시작하면서
크게 두각을 나타냈고 당시 매장을 여러 개 확장할 만큼
많은 성과를 거두는 결과를 보여주었다.

사람들은 누구나 저마다의 재능이 있다.
그것을 일찍 발견할 수도 있고
내가 그랬듯이 서른이 훌쩍 넘은 나이에

혹은 그 이상의 나이에서도 발견해낼 수도 있다.
재능은 세월이 지남에 따라 점점 발전할 수 있다.
그리고 발전한 만큼 더 많은 역량을 발휘할 수도 있다.

지금 당장 내가 쓸모없고
무능해 보일지라도
좌절하거나 낙심해선 안 된다.
지금은 아무것도 보이지 않을지라도
분명히 좋아하거나, 잘하거나,
남들보다 쉽게 할 수 있는 일은 분명 있다.
자신이 어떤 사람인지를 구체적으로 아는 것은
저절로 보이는 것이 아니다.
가능한 많은 경험을 통해
어느 순간 그것을 찾고, 느끼고, 깨닫는 것이다.

지금 다른 사람보다 자신 있게 할 수 있는 일을 생각해보자.
예를 들어, 요리를 잘한다고 식당 운영만 생각할 필요는 없다.
음식 연구를 위해 그 분야를 공부하며 가르치는 교육자,
새로운 메뉴를 개발하고 음식을 디자인하는 푸드스타일리스트 등
한 분야에서도 새로운 길은 열려있다.

내 인생은
별 볼 일 있는 삶이에요

제2장

불안에
빠지지 말 것

삶이란
확신할 수 없는 것

어느 날 동네 마트에서 우연히 옆집 여자를 만났다.
그녀의 얼굴은 어두웠고 말하는 중간중간
긴 한숨을 내쉬었다.
그녀는 내게 말을 걸어왔다.
"매일 바쁘시죠? 저는 얼마 전에 직장을 그만두었어요."
"아, 그랬군요. 직장을 그만둔 이유를 물어봐도 될까요?"
"건강검진에서 암 판정이 나왔어요. 조금 진행된 상태라더군요.
병원에선 당분간이라도 푹 쉬는 게 좋을 거라고 말했어요."
그리고 그녀는 일을 정리하자마자
자신의 선택이 성급했음을 절실히 깨닫고 후회했다고 한다.
또한, 아직 젊은 그녀는 자신의 병이 나은 후에 돌아갈 곳이
없을지도 모른다는 생각에 노력한 세월이 너무나 아까워서

오히려 더 맘이 편치 못하고 밤에 잠도 설치는 상황이라고 했다.

우리의 몸과 정신은 평생 쉼 없이 움직인다.
어느 날 문득 돌아보면 과잉 활성화된 삶이 속도를 내며
거칠게 지나가고 남은 자리엔 자욱한 먼지만이 가득하다.
이내 사라질 것들이 그렇게 우리의 미간을 찌푸리게 한다.

앞으로의 삶이 어떻게 달려갈지 우리는 아무도 모른다.
그 삶은 지금보다 더 치열하거나 혹은 더 여유로울 수도 있다.
그러나 분명한 점은
그날들을 위해 잠시 쉬어가는 것도 필요하다는 거다.
특히 건강을 위한다면 더욱 그렇다.

공원을 산책하듯 인생을 둘러보고
빈자리에 앉아 나 자신과 주변을 살펴보자.
힘들고 지칠 때일수록, 앞날이 막연하고 미래가 불안할 때일수록
조급해선 안 되며 더욱 신중해야 한다.
지금 하려고 하는 일이 과연 내 상황에서 가장 적합한지
내가 처한 현실과 바람이 그 일을 감당하기에 충분한지 말이다.
우리의 삶은 늘 선택의 연속이다.
직장을 그만두는 것도, 또 다른 일을 결정하는 것도

내 인생은
별 볼 일 있는 삶이에요

충분한 여유를 두고 신중히 고려할 필요가 있다.
그래도 실수하는 것이 인생이다.
실수 없이 성장하는 것은 없다.

내 삶이 암울할 때

『리셋』이라는 책을 읽으면서
삶도 처음부터 '리셋'된다면 지금쯤 내 삶은
어떻게 되어 있을까? 하는 생각을 해 본 적이 있다.
지금도 그리 썩 나쁘진 않지만
한때는 칠흑같이 어둡거나 아주 별 볼 일 없는 날들도 많았다.
그런 날들만 편집해서 새롭게 이어나갈 수도 없고 어쩌겠는가?
좋은 날들만 생각하며
이번 생을 이어나갈 수밖에.

살다 보면 절대로 원하지 않았던 일들이
현실로 나타난다.
그럴 때마다 벗어날 수 없는 현실에서 마땅한 해결책 없이
속수무책으로 견디며 이 현실이 빨리 지나가기만을 기다린다.

내 인생은
별 볼 일 있는 삶이에요

하루하루가 너무 힘들고 지쳐서,
당장 도망가고 싶고, 아무도 모르는 곳으로
숨어버리고 싶을 수도 있다.
미래가 보이지 않아 더욱 암울하고
불안하고 위태로워 죽을 것처럼 느껴질 때도 있다.
그러나 그 몇 가지 이유로 삶을 포기한다는 건
지금까지의 고생이 너무 억울하다.
다른 사람들이 보기에 내 삶이 별 볼 일 없어 보일지라도
내게는 아주 소중한 삶이다.
내게 주어진 삶은 내가 아니면 누구도 돌아봐 주지 않는다.

다른 사람들의 삶은 왠지 행복하고
풍족하며, 아무 일 없이 잘 풀리는 듯 보이지만,
그들의 삶 또한 내가 모르는 고단함이 있다.
아니 어쩌면 그 속은 더 썩어 있을지도 모른다.
보이는 것만이 사실이 아니기에
그들이 그렇게 견디며 살아가듯
당신도 당당하게 주어진 삶을 견디며 나가야 한다.

삶은 늘 내게 원하는 것만을 주지 않는다.
완벽하게 안전하고 행복한 삶은 없다.

별 볼 일 없어 보이는 삶 속에서도 당신이 행복할 수 있다면
그 삶은 성공한 삶이다.
해결할 수 없는 부분까지 걱정하는 것은 불안만 자초할 뿐
어떠한 도움도 되지 않는다.

자신의 삶에서 원하는 것을 얻으려면 스스로 만들어가야 한다.
삶은 각자의 몫이기 때문이다.

내 인생은
별 볼 일 있는 삶이에요

나만 이런 건가 하는
생각이 들 때

힘들어도 괴로워도 견디며
열심히 살아왔다고 생각했는데
별로 이루어 놓은 것도 없이 중년이다.
새로운 일을 찾기에도 너무 늦어 버린 것 같고
이제 와서 하고 싶은 일에 도전할 자신이 없다.

나만 이렇게 예민한 걸까?
지금도 다른 사람들이 성공하는 모습들을 보면
진심으로 축하해 주고 기뻐해 주긴 하지만
어느 틈엔가 가슴 한편이 답답해짐을 느낀다.
누구보다도 잘하고 싶었는데,
다른 사람들만큼은 나도 잘살고 싶었는데…….

왜 나는 이것밖에 안 되는 걸까?
인생의 중반쯤 되면
사람들은 대부분 혼란기를 겪는다.
직장문제나 은퇴 후의 생활, 건강 등의 문제들을 생각하며
지나온 삶을 회상하기도 하고,
숨 가쁘게 달려온 삶의 결과를 보며
다양한 감정들을 경험하기도 한다.

다른 사람들의 삶을 엿보기도 하고
성공한 사람들을 보면서
별 볼 일 없어 보이는 자신의 모습이 너무 초라해 보인다.

그러나 당신 참, 애썼다.
이제껏 살아오느라 힘겨웠을 당신은
어느 누구와도 비교할 수 없다.
모두가 각자의 삶에서 행복을 끌어들이느라 애쓰고,
행복을 잃지 않으려고 애쓰며 살아간다.

현재 삶이 결과를 만든다고 하지만
행복하고 풍요롭고 만족스러운 삶도 그 끝을 알 수 없다.
지금의 결과만 보고 자신의 인생을 평가절하해서는 안 된다.

내가 살아온 삶을 칭찬해 줄 사람, 내 미래의 삶을 가꿔줄 사람은
오직 나 하나뿐이다.

나만의 문제가 아니다

어릴 적 나의 부모님은 꽤 금실이 좋으셨다.
친구들은 그런 부모를 둔 나를 부러워하곤 했다.
그러나 다른 사람들이 생각하는 만큼 난 행복하지 못했다.
그것은 소박한 우리 집의 형편과 나의 욕망이
균형을 이루지 못했기 때문이다.

완벽한 가정, 완벽한 부모가 있을까?
겉으로 보이는 만큼 결핍이 없는 이상적인 삶을 살아가는 사람들이
과연 얼마나 될까?
어쩌면 그런 이상적인 삶이 정상이 아닐지도 모른다.
어느 한 부분에서의 결핍은 누구나 가지고 있다.
완벽한 척, 아무 문제 없는 척 살아가고 있는 것뿐이지
보통 사람들은 자기 삶의 문제점을 잘 알고 있다.
다만 그것을 들키지 않기 위해 그럴듯한 가면을 쓰고
살아가는 것뿐이다.

내 인생은
별 볼 일 있는 삶이에요

사람 사는 모습을 보면 참 가지가지다.
우리는 각자 살아가는 형태가 다른데
그것은 악착같이 살아가기 위한 자기 방식일 뿐이지
어떠한 잘못도, 어떠한 문제도 되지 않는다.

절대 원하지 않는 일이 생겼을 때
그것을 대하는 방식 또한 제각각이다.
어떤 사람은 되는 일이 없다 하며 불평만 하고,
어떤 사람은 잠시 스쳐 지나갈 비바람이라 여기며
대수롭지 않게 생각한다.

행복은 눈에 보이지도 잡히지도 않는다.
행복이란 바로 다양한 상황들을
어떻게 대하느냐에 따라 결정되며
그 지점에서 인생은 달라질 것이다.

긍정적인 사고도 습관이다.
자기에게 주어진 삶을 있는 그대로 소중히 여기고
당당하게 앞으로 나아가는 일은
삶에 대한 최소한의 배려이자 책임이다.

03

걱정을 계획으로
전환하는 방법

아주 오래전 원시시대에는
일기예보가 없었다.
미래를 예측할 수 없는 상태에서
갑작스럽게 태풍이 불거나 눈보라가 몰아치는 일들은
무섭고 두려운 일이 될 수밖에 없었다.
이를 부정하게 여기고 괜한 짐승을 잡아 제를 지내거나
살아있는 어린 생명을 제물로 바치는 등 해괴한 일들을 벌이곤 했는데
이는 지나친 걱정을 해소하는 하나의 방편이 되기도 했다.
불안하고 어려운 시기일수록 사람들은 무언가 의지할 곳을 찾는다.
어느 하나의 상징물 등을 정해놓고
이를 믿음으로 조금이나마 불안과 두려움을 해소하고자 하는 것을
'마술적 사고'라고 부른다.

이는 비가 그칠 때가 되어 그치는 것을 인정하지 않고
정성을 다해 기도해서 비가 멈추었다고 믿는 믿음이다.

사람들은 원시시대에나 있었을 법한 마술적 사고를 여전히 가지고 있다.
어리석고 터무니없는 일이란 것을 알면서도
바위를 향해 절을 하고 나무 앞에서 소원을 빌기도 한다.
당장 나를 집어삼킬 것 같은 불안감을 내려놓기 위한
간절함은 누구에게나 있다.
그러나 그것을 해결하고자 하는 아무런 대책 없이
무조건 기도하면 된다는 믿음은 어리석기 그지없다.

나는 기독교인이다.
어렵고 힘든 상황이나 삶의 굴곡진 상황 속에서 고민하고
갈등할 때면 어김없이 십자가 앞에 나아가 기도한다.
그러나 기도란 행동과 함께하는 것이다.
일을 놓고, 그 일을 해결하려는 계획도 없이
무조건 기도만 하면 된다는 것은 어디에도 나와 있지 않다.
성경 속에서도 위인들은 기도를 통해 하나님과 소통하면서
신의 지시대로 행동했다.
그들은 결코 꿇어앉아 기도만 해서 응답을 받은 것은 아니다.
그것은 움직임 즉, 해결해 내기 위한 계획과 대책을 강구하고

행동으로 나아갈 때 비로소 좋은 결과를
얻는다는 것을 보여준다.

무언가를 의지하고 믿는다는 것은
자기 합리이자 자기 위안이다.
그래서 사랑이라는 믿음으로 폭력을 이해하기도 하고
사랑이라는 변명으로 희생을 강요하거나 수용하기도 한다.
그러나 그러한 맹목적인 헌신은
문제를 해결하기 위한 노력이 아닌
자기 파괴적인 요소만 담겨 있을 뿐이다.

걱정에서 자유롭기

만약 당신이 지금 심각한 고민 앞에 서 있다면
그 고민을 해결해줄 만한 대상을 찾으려 하는 것은 어리석다.
물론 당신의 고민과 걱정을 도와줄 사람은 있을지 모른다.
그러나 직접 해결해주진 못한다.
그것은 당신이 직접 해야만 얻을 수 있다.
걱정만 하느라 아까운 시간을 헛된 것에 낭비하지 말자.
카드빚 때문에 걱정이면,

카드대금을 갚기 위해 어떻게 해야 할지
계획하고 해결할 방법을 찾아야 한다.
직장을 구하지 못해 어려운 상황이면,
사람을 만나고 발에 땀이 나도록 이곳저곳을 뛰어다녀야 한다.

막연히 걱정만 하고 해결책을 찾지 못한다면
어떤 결과도 얻을 수 없다.
설령 좋은 결과를 얻지 못할지라도
해결책을 강구하기 위해 최선을 다했다면
그 걱정에서 벗어날 수 있다.

만약 좋지 않은 상황에 계속 머무른다면
그동안 당신이 그 상황을 해결하기 위해 얼마나 노력했는지
다시 한번 되돌아보아야 한다.

불안함을 조성하는 사회

걱정과 불안은 과거의 부정적인 경험으로 인해
비슷한 상황이 생겼을 때 닥쳐올 재앙을 염려하는 마음이다.
어른들은 산전수전을 다 겪었기 때문에

어떠한 상황이 생겨도 면역이 생겨 대수롭지 않게
여길 거라 생각하지만,
경험이 많은 사람일수록 트라우마가 클 수밖에 없다.
의연한 척하는 것은 자기방어 기제이다.
미연에 닥쳐올 화를 피하기 위한 전략으로
방어 태세를 하는 것이다.
우리가 사는 이 세상은 너무나도 많은 불안을 조성한다.
문제를 확대하고 근거 없는 정보들을 남발한다.
물론 주의해서 나쁠 건 없지만 과도한 불안감을 조성하는 것은
사람들의 정신건강에도 좋지 않은 영향을 줄 수 있으므로
주의할 필요가 있다.

04

오로지 자기감정에
충실하기

우리는 하루 동안에도 아주 다양한 감정들을 느끼며 살아간다.

그러나 우리나라 사람들은

자신이 느낀 감정들을 충분히 표현하지 않는다.

슬픔을 참는 것, 고통을 감추는 것, 분노를 억제하는 것에 익숙하지만

기쁨의 환희와 성취의 만족감,

결과를 자랑하는 일에는 자연스럽지 못하다.

이는 주변의 시선을 지나치게 의식함으로써

스스로 선택하는 일인데,

혹시나 나약하다거나 눈치 없다는 소리를 들을까 봐

염려하기 때문이다.

감정표현은 정신건강에 매우 좋다.

다른 사람들의 시선 때문에 감정을 억제하는 것은

그리 바람직하지 못하다.

지난 십 년 동안
네 명의 친구가 젊은 나이에 세상을 떠났다.
그중 한 친구는 세상을 떠나기 하루 전 내게 만남을 요청했었다.
늦은 시간이었고 많이 피곤한 상태였기에 다음에 보자고
약속을 미루었는데
그다음 날 사고로 세상을 떠나고 말았다.
나의 슬픔은 깊었었다. 만남에 응하지 않은 후회와 자책이
한동안 나의 심장을 괴롭혔다.
하지만 내가 느꼈던 큰 슬픔을 누구에게도 보이지 않았다.
침울한 상황 속에서 나보다 더 큰 슬픔을 가진 사람을 생각하느라
좀처럼 내가 가진 슬픔을 표현할 수 없었다.

가슴 깊이 묻어둔 슬픔은 상처가 되어 건들면 아프고 쓰리다.
그 후로 난, 가까운 지인이 만남을 요청하면 가능한 거절하지 않는다.
나도 모르게 그것이 트라우마가 되어 또다시 슬퍼질까 봐
몹시 두려웠다.

우리의 삶은 수많은 사람들이 스치고 지나가며
그중에서 소중한 사람들과의 이별도 경험한다.

영원할 줄 알았던 시간과 젊음과도 이별하며
진실이라 믿었던 마음과도 이별한다.
이 모든 이별은 우리 삶에서 비껴갈 수 없는 것들이다.
아무런 저항 없이 짧고 진지한 이별을 아쉬워하는 마음은
솔직한 감정이다.
그 감정에 마주하는 용기는 우리를 자유롭게 만든다.
감정이 무엇이든 그 감정을 알아채고 표현하는 자유는
자신을 위한 작은 배려이며, 풀어주어야 할 속박이다.

괜찮다고 말하지 않기

사람이 살다 보면 여러 가지 일들로 인해
좌절하고 낙심하며 당장 죽을 것만 같은 일들이 생길 수 있다.
무탈하게 별일 없이 살아가면 좋겠지만
예기치 않게 벌어지는 일들을
막을 수는 없기에 속수무책일 수밖에 없다.

잘살던 집안이 갑자기 부도가 나서
가진 재산을 모두 탕진하거나
죽을 만큼 사랑하던 사람과 원치 않는 이별을 할 수도 있다.
건강하던 사람이 갑자기 병이 들고,
생사를 오가는 아픔을 겪으며 온 가족이
하루하루 칠흑 같은 어둠의 시간을 보낼 수도 있다.

나는 아무리 힘들어도 힘들다는 말을 잘 하지 않는 타입이다.
아무리 아파도 앓아눕기 전까지는 아프다는 말을
입 밖으로 잘 내지 않는다.
실제로 다른 사람들에 비해 힘들다는 생각을 잘 하지 않으며
스스로 일을 해결하려는 의지가 강하다.
그러다 보니 어지간해서는 힘들다, 아프다는 말을 하지 않는데,

그 모든 감정을 표현하면 막힌 물꼬가 터지듯 터져 나와
더 감당할 수 없을 것만 같다.
그래서, '늘 괜찮다'라며 자기 암시를 하고 살았는지도 모르겠다.

그러나 이렇게 자신의 감정을 묶어 둔다 해도
감정이 무뎌지기만 할 뿐 그 감정은 사라지지 않는다.
오히려 다른 감정들까지 무디게 만들고
자신도 모르게 공감 능력이 저하되어 버린다.

모든 감정을 표현한다고 해도 상황은 달라지지 않는다.
그렇지만 모든 감정에서 자유로운 사람은 없다.
힘이 들면 힘들다고, 괴로우면 괴롭다고
울고 투정도 부리고 화도 낼 줄 알아야 한다.

누구도 당신 인생을 대신 해결해 줄 수는 없다.
그렇다고 강한 척 괜찮은 척 살아가는 것은
자기희생이며, 자기 학대일 뿐이다.
사람은 어차피 약한 존재다.
스스로 감정을 착취하며 아무렇지 않은 척 살아간다고 해서
달라지는 것은 없다.
사람은 자기 감정에 충실할 때 가장 아름답다.

내 인생은
별 볼 일 있는 삶이에요

05

불안하다면 한 번쯤은
쉬어가도 좋아

나는 내가 서른이 될 때까지 아무것도 하지 못하는
무능한 사람인 줄 알았다.
특별히 하고 싶은 것도 없었고
특별히 잘하는 것도 없었다.
학교를 졸업한 후 직장에 취직하면 그 일이 맘에 들지 않아
그만두기가 일쑤였고, 운영방침이 맘에 들지 않는다고
불평하며 사표를 내곤 했다.
나는 물론 주위 사람들도 그런 나를 이해하지 못했다.

10여 년의 전업주부 시절에도 불안함은 여전히 계속되었다.
아침에 눈을 뜨면 어제와 똑같은 오늘이 싫었고
내일도 같은 날이 될 것이라는 무료함에

하루하루가 편치 않았다.

그러나 직장에 취직하는 것도 망설임이 많았다. 청년 시절이 그러했듯,
똑같은 업무와 반복되는 일과를 내가 과연 견딜 수 있을까 하는 생각에
자신이 없었다.

그러던 어느 날 선배의 권유로 스타일리스트라는 직업을 알게 되었다.
의상 디자이너로 일했던 선배는 디스플레이는 물론
스타일리스트로서 꽤 인정받는 멋진 커리어 우먼이었고,
그런 선배를 존경함은 물론 선망의 대상으로 여겼다.
선배의 제안을 받은 건 나에게 소중한 기회이자 행운이었다.
물론 선배를 돕는 일이었지만
그 일은 내게 신선하고 흥미로운 자극을 주기에 충분했다.
그 일이 발단되어 나의 재능과 강점을 찾아내었고,
내 인생은 큰 전환점을 맞게 되었다.
그 일은 모든 것은 때가 있다는 것을
아주 절실하게 느꼈던 경험을 안겨 주기도 했다.

무슨 일이든 무작정 열심히 살아가는 사람들은 참 많다.
그들은 좋아서 하기보다는 먹고살기 위해
어쩔 수 없이 일한다고 말한다.
물론 이들이 잘못 살고 있다고 정의할 수는 없다.

내 인생은
별 볼 일 있는 삶이에요

그러나 자신이 선택한 삶이 어떠하든 그 일을 놓을 수 없다면
불평하거나 불안해하지 말아야 한다.

만약에 미래가 불안하다 하여 무작정 앞만 보고 열심히 살다 보면
오히려 정말 내가 할 수 있거나 하고 싶은 일을 잃어버릴 수도 있다.

아무것도 할 수 없고 자신이 무능하다는 생각에
삶을 포기하는 일은 없어야 한다.
재능과 강점이 없는 사람은 없다.
중년 즈음 사람들은 자신의 삶을 돌아보며 회고한다.
내가 누구인지, 어떤 사람인지, 난 지금까지 무엇을 위해 살아왔는지.

타인의 삶을 침범하지 말 것

연예계에서 일어나는 크고 작은 사건들은 어제오늘의 일이 아니다.
방송과 SNS를 통해 그 사건이 전국으로 퍼져 모든 관심사가 집중된다.
사건을 사건으로만 바라보는 것이 아니라 수많은 사람들은
근거 없는 추측을 사실인 양 덧붙여 한 사람을 매도하기에 급급하다.
사람을 죽인다는 것은 생명을 해치는 것만을 뜻하지 않는다.
사건에 휘말린 당사자는 그 일만으로도 거의 죽을 지경인데,
방송이나 인터넷에 과장된 보도는 당사자를 두 번 죽이는 것과 다름없다.

그렇게 우리는 누군가의 삶을 침범해 관심이라는 명목으로
분석하고 분리하며 파헤치기에 열을 올린다.
자기에게 아무런 유익도 없는 일들을
도마 위에 올려놓고 난도질하는 것을
즐거워하며 여럿이서 함께 멋대로 요리한다.
하지만 그 당사자가 꼭 정해져 있는 것일까?
그 사람은 당신이 될 수도 있고 내가 될 수도 있다.
누구도 개인의 사생활을 침범해서는 안 된다.
사생활이 어떻든 누구도 이렇다저렇다 말할 권리는 없다.

내가 그러하듯 다른 사람의 삶 역시 존중하고 지켜줘야 한다.

그것이 비록 불의하거나 부정할지라도

사실 이외의 근거 없는 정보나 추측으로 덧붙이는 일은 삼가야 한다.

그것은 관심이 아니라 호기심의 욕구를 채우는 것에 불과하다.

호기심은 자신에게 유익을 더하는 것이어야 하지

다른 사람을 매도하거나 삶을 침범하는 일이 되어서는 안 된다.

우스갯소리로 '너나 잘하세요'라는 말이 틀린 말이 아니다.

다른 사람의 삶에 관여하지 말고,

자신의 삶을 잘 살아가는 것

그것은 내 삶을 지키고 잘 운영해 나가기 위한 전제이자

타인의 삶을 위한 최소한의 예의다.

06

상대를 이해하는
범위를 넓히자

사람마다 자신만의 세계가 있다.

살아가는 모습과 방식 또한 다르다.

문제는 그것을 이해하지 못하고 자신만의 삶의 기준이나 방식으로

해석하는 것이다.

명절 때면 멀리 떨어져 있는 사람들도 차례를 지내기 위해

오랜만에 한집으로 모여든다.

요즘 젊은 사람들은 그날이 가장 싫은 날일 수도 있다.

"결혼은 언제 할 거니? 애인은 있니?"

"직장은 어디 다니니? 월급은 얼마나 되니?"

혹여 늦은 나이에도 불구하고 결혼을 하지 않았거나

직장을 구하지 못해 방황하고 혹은 마땅한 연인을 만나지 못한 경우

이런 어른들의 관심은 부담으로만 다가온다.
어른들의 관심 반, 걱정 반으로 묻는 말이라고 하겠지만
자녀들에겐 아주 듣기 싫고 피하고 싶은 잔소리일 뿐이다.
사실 질문 자체가 불편한 건 아니다.
질문하며 다른 사람들과 비교하고 판단하려는 의도가 불편한 것이다.

사람들은 자기 생각과 이해의 정도를 넘어선 일에는
자신만의 방식으로 판단하거나 문제점을 가중시키는 경향이 있다.
자신의 이해력에 문제가 있음을 인정하지 않고
이해의 정도를 벗어난 그 상황을 문제시한다.
그런 사람들을 이해시키는 것은 불가하다.
사람들은 보고 싶은 것만 보고, 듣고 싶은 것만 들으며,
인정하고 싶은 것만 인정하려 한다.
그러니 마땅한 답을 찾느라 애쓰려 하지 말고
이해시키려 노력할 필요도 없다.

피할 수 없다면 자신의 상황에 대해 부끄러워하지 말고
당당히 질문에 답할 수 있어야 한다.
우리는 누군가에게 이해받기 위해 사는 게 아니다.
내 삶은 오로지 나만을 위한 것이기 때문이다.

날마다 변하는 세상이다.

누군가의 삶이 나와 다르다 하여 그를 편협하게 생각해서는 안 된다.

사람마다 가지고 있는 생각은 천차만별이며,

삶을 선택하는 방법도 다양하다.

무슨 일이든 사정이 있고 이유가 있음을 이해해야 한다.

그 이해의 영역을 넓히는 일은 자기 몫이다.

서로의 영역을 침범하지 말 것

삶이 그리 녹록지 않지만
매사에 근검절약하며 성실하게 살아가는 친구가 있다.
그녀는 항상 밝았고 힘들다는 소리를 하는 것을 결코 본 적이 없다.
그런 그녀의 모습을 보면 왠지 측은해 보이기도 하고 한편으론
부럽기도 했다.
저런 상황 속에서도 저렇게 밝을 수 있다니
참 신기하고 의아했다.

20년 동안 보아온 친구인데
그녀의 삶은 좀처럼 나아지지 않았다.
그렇지만 그녀는 늘 감사하며 살아간다.
나 또한 힘들다는 소리를 잘하진 않지만
그녀처럼 의연하진 않다.
무슨 일이든 해결을 봐야만 직성이 풀리는 나와는 달리
그녀는 태연하게 만사를 바라본다.

그녀의 현재 상황을 물어본다는 것은
너무나도 조심스러운 일이었다.
겉으로는 태연하지만, 속으로는 어떤 상황인지 알 수 없으므로

묵묵히 옆에서 든든한 친구가 되어 주는 것으로 만족하기로 했다.

사람들은 누구나 침범받고 싶지 않은 자기만의 영역이 있다.
감추고 싶은 진실을 누군가에게 들켰을 때
마치 벌거벗은 알몸을 들킨 것처럼 수치스럽기만 하다.
치명적인 상처를 입었다고 느낀 사람은 당신과 멀어질 수도 있고
어디론가 꼭꼭 숨어 버릴 수도 있다.

꼭 알아야 할 일이 아니라면 때로는 모르는 것이 좋을 수도 있다.
친구 또는 동료라는 이유로
말하지 않는 은밀한 이야기를 꼬치꼬치 캐낼 필요는 없는 것이다.
어떤 사이일지라도 그 영역을 침범할 권리는 없다.
그가 어떻게 살아가든, 어떤 방식으로 삶을 대하든
친밀하다는 이유로 관심이라는 명분 아래 알고 싶어 하는 것은
관계만 부자연스럽게 만들 뿐이다.

좋은 관계일수록 개인의 사적인 일들을 캐묻는 것은 금해야 한다.
적당한 거리에서 서로를 바라보며
못 본 것을 보려고 애쓰지 말고,
말하지 않은 것을 굳이 캐묻지 않아야 한다.
그런 당신에게 상대는 고마운 마음이 생길 것이고

내 인생은
별 볼 일 있는 삶이에요

무슨 말이든 해도 괜찮은 사람이라는 신뢰감 또한 줄 수 있다.

안정감을 느낄 수 있는 사람

모든 경계를 지켜 주는 사람

그런 친구만큼 좋은 친구는 없다.

07

좋은 사람이 되려고
애쓰지 않기

어렸을 적 나는
내가 참 좋은 사람이라고 생각했었다.
친구들의 부탁을 거절한 적도 없고,
좋은 물건이 있으면 친구들에게 나누어 주는 것도 좋아했다.
그 덕분인지 친구도 참 많았다.

누군가가 나를 미워한다거나 싫어한다는 것을
좋아하는 사람은 없다.
나 또한 그런 친구가 되고 싶지 않아
친구들에게 더욱 친절했고
그들에게 좋은 평가를 받기 위해 많이 노력했었다.

그러나 나이가 들어가면서
좋은 사람으로 보인다고 해서
모두가 내 편이 되지는 않는다는 것을 깨달았다.
누군가는 나의 행동을 좋아하고
누군가는 오히려 좋은 사람으로 보이는 나를 싫어한다는 것을
알았을 땐 배신감까지 느꼈다.
아니 어쩌면 나는 진짜 좋은 사람이 아니었을지도 모른다.

성인이 된 이후 나는 달라진 내 모습을 보면서
스스로 당황스러웠다.
나는 맹목적으로 희생하거나 헌신하는 그런 사람이 아니었다.
무슨 일이든 목적이 있었고, 승부욕 또한 남달랐다.
결국, 좋은 사람으로 평가받고 싶었던 것 또한
다 의도된 행동이었던 것이다.

그런 나를 알았을 때 비로소 나는 후련했다.
오롯이 나를 만난 이후 다른 사람들에게서 자유로워졌다.
좋은 사람이라는 평가를 받기 위해 애쓰지 않아도
사람들은 지금 그대로의 나를 좋아했다.
이전보다 훨씬 대하는 모습이 자연스러워졌고,
시기하는 사람들도 없어졌다.

사람들에게 상처를 주지 않는 범위에서
나는 오롯이 나로 지내면 그만이다.
세상의 모든 사람들이 나를 사랑하거나 좋아할 수는 없다.
다른 누군가가 되려고 애쓰지 말고 있는 그대로의 자신의 모습을
사랑해야 한다.
자신을 스스로 사랑하고 자신에게 솔직해지는 것은
나를 지키기 위한 권리이자 책임이다.

스스로 당당할 것

지인 중에 임대 아파트에 사는 사람이 있다.
그녀는 건강을 위하여 인근의 실내 수영장에서 가벼운 운동을 하는데
그곳에서 가끔 같은 아파트의 주민들을 만났다.
전업주부들이 흔히 그러하듯,
이들은 운동이 끝나면 삼삼오오 커피숍에 모여 앉아
수다로 시간을 보내곤 했다.
가끔은 집으로 초대받아 음식을 대접받기도 했는데
넓고 화려한 이웃의 삶을 보면서
그녀는 임대동에 살고 있다는 것이 큰 열등감으로 자리 잡았다.

또 한 여성은 척추 불균형으로 자세가 틀어져
걷는 모습이 다른 사람들과 조금 달랐다.
여러 차례 수술을 받았지만
자세를 바로잡는 것은 거의 불가능하다고 한다.
아무것도 모르는 사람들은 자세를 지적하기도 하며
교정을 해야겠다고 권면했지만
그런 권면은 오히려 그녀에겐 큰 상처만 줄 뿐이었다.
그 후론 그녀는 다른 사람들 앞에서 걷는 것을 두려워했으며
유난히도 더욱 다른 사람들의 시선을 의식했다.

이 모든 것이 누구의 잘못인가.
그것은 그 누구의 잘못도 아니다.
가정형편이 여유롭지 못해 임대 아파트에 사는 것이 죄는 아니다.
척추에 병이 생기도록 내버려 두고 일부러 자세가 틀어지도록
만드는 사람은 없다.

절대 부끄럽거나 숨길 일이 아니다.
그것은 평범한 일이다.
사람들을 경계할 이유도 없으며 숨을 이유도 없다.
만일 사람들이 자신들과 다르다는 이유로 편협하거나 무례하다면
이는 그들의 지성의 문제점을 의심해야 한다.

사람마다 살아온 삶이 다르다.

누군가는 뒤늦게 성공하여 호의호식하며 남보란 듯 살기도 하지만

누군가는 열심히 살아오다가 뜻밖의 일이 생겨

어려운 상황으로 바뀔 수도 있다.

외관이 어떠하던 그것은 한 개인을 평가하거나 평가받을 일은 아니다.

그러므로 누구보다 스스로 당당해야 한다.

감추지도 말고 부끄러워하지도 말자.

어떠한 삶이든 당신에게 주어진 삶은 소중하다.

그 소중한 삶을 당당하게 살아가는 당신은 더욱 소중한 사람이다.

내 인생은
별 볼 일 있는 삶이에요

제3장

함께 더불어
성장할 것

01

다른 사람의
성장에 참여하기

나는 사람들의 성장을 위해 동기부여 하는 일을 좋아한다.

자신의 미래를 위해 꿈을 키우고

그 꿈을 이루기 위해 노력하는 모습들을 보면

내 모든 에너지를 다 쏟아 그의 성장을 위해 돕고자 나서곤 한다.

사람들은 그런 나를 두고 칭찬하지만

그것은 내가 좋아서 하는 일이지

누군가에게 인정받고 칭찬받기 위함이 아니다.

나는 무엇보다도 의지를 갖고 도전하고자 하는 목표가

뚜렷한 사람을 좋아한다.

그들이 성장하는 모습을 보면서

더 많은 기쁨과 환희를 맛보며 오히려 에너지를 얻는다.

오지랖이 넓은 것과는 분명히 다르다.
난 성장하려고 하는 의지가 없는 사람에게는 절대 관여하지 않는다.

예전부터 좋은 것은 나누려 하는 마음이 컸다.
그때는 누구에게나 한결같았다.
내가 고수입으로 환경을 놀랍도록 바꿔 놓았을 때도
혼자 쟁취하지 않았고 가까운 사람들에게 그 기회를 나눠 주었다.

어려움에 처한 친구를 도와 그가 살림이 피고
빚더미에서 벗어날 수 있었다면 그것으로 만족할 줄 알아야 한다.
사람을 상대로 어떠한 보상을 기대한다면
그만큼 실망도 클 것이다.
그저 내가 일말의 도움을 주었다 하더라도
그가 성장하고 발전한 모습으로 대신 만족해야 한다.
보상을 바란다면 순수하게 다른 사람의 성장을 바라봐 줄 수 없다.

시기하고 질투하는 마음은 성장을 바라지 않는 마음에서 나온다.
나 하나만 잘살면 된다는 얄팍한 이기심은
누구의 도움도 구하지 못한다.
누군가가 내 도움이 필요할 때가 있듯이
당신도 어느 누군가의 도움이 필요할 때도 있다.

내 인생은
별 볼 일 있는 삶이에요

그것은 물질이나 지식 또는 지혜가 되거나
힘과 용기를 주는 말이 될 수도 있다.
다른 사람의 성장에 조금이라도 기여한 당신 참 멋지지 않은가.

스스로 자유를 허락하기

행복의 철학자 '에피쿠로스'는 인간의 행복에 필요한 세 가지 요건을
'우정, 사색, 자유'라고 말했다.

그중에서 자유란 누구의 간섭이나 방해 없이 내 의지대로
마음껏 살아가는 것인데 이것은 사실 어떻게 사느냐에 따라
누리거나 누릴 수 없는 것이 되기도 한다.
온전한 자유란 시간과 공간을 초월한 자아 영역에 달렸다.

우리 삶에서 자유를 방해하는 세력은 아주 강하다.
그것은 돈이나 시간 또는 사람이 될 수도 있다.
그 무엇보다 자유를 누림을 스스로 허락하지 않는 것은 자기 자신이다.
어느 누구도 강요하지 않았다.
당신 스스로가 선택한 일들이 당신의 자유를 가로막았다.

내 인생은
별 볼 일 있는 삶이에요

우리는 해야 할 일들을 너무 많이 늘어놓는다.
그 일들을 하기 위해선 돈이 필요하고
돈을 충당하기 위해선 열심히 일해야 한다.
다른 사람들보다 더 풍족해지길 원하고
더 멋지게 보이기 위하여 비싼 돈을 지불하고 쇼핑을 한다.
지출 때문에 쌓인 카드대금을 막기 위해
골머리를 썩이고 빌린 돈을 갚기 위해 또 열심히 일한다.

삶의 질을 높이기 위해 사용되는 돈이
어느새 사회적 입지를 다지는 일에 쓰이게 되었다.
돈이 없으면 아무것도 할 수 없는 세상에서
돈은 이미 생존의 수단이 되어 버린 것이다.

이러한 세속적인 것들을 간과하고 살아갈 수 없으니
자유는 억울하게도 사치가 되어 버렸다.
돈은 삶에서 절대적으로 필요하다.
그러나 생활 수준을 지나치게 높이느라 과도하게 요구되는 돈은
행복마저 강탈해간다.
돈으로 사람을 평가할 수 없다.
사람은 자기만의 삶의 기준이 있어야 한다.
다른 사람들의 삶과 견주지 말고 나만의 철학이 있어야 한다.

많은 돈을 벌어 멋지게 살 생각보다

어떻게 살아야 진짜 잘사는 것인가를 먼저 생각해야 한다.

무엇을 얼마나 많이 소유하느냐보다

그 모든 것에서 벗어나는 자신을 발견해야 한다.

진짜 자유로움은 세상의 모든 것을 뛰어넘어 온전히 나에게 집중할 때

비로소 가능하다.

내 인생은
별 볼 일 있는 삶이에요

02

다치지 않고
싸우는 기술

나는 위로 언니 둘과 아래로 여동생 하나가 있다.
우리 부모님은 아들에 대한 욕심이 별로 없으셨는지
한 번도 딸만 있는 것을 불평하거나 불만을 표출한 적이 없었다.

위로 언니들과는 나이 터울이 있어,
기억할 만한 함께한 추억들이 별로 없다.
대신 여동생과는 나이 터울도 적고 같은 시대를 살아왔기에
많은 것들을 공유하며 살아왔다.
다른 집들과는 달리 우리는 어릴 때 크게 싸운 기억은 없다.
오히려 성장하여 자기만의 영역이 확연히 구분될 때
어릴 때 몰랐던 부분들이 드러나고
각자의 몰랐던 성향들이 고개를 내밀면서

간혹 마찰이 생겼다.

딸들이 사소한 일로 조금만 다투어도
우리 부모님은 다 큰 애들이 웬 싸움이냐고
허허 웃으시며 슬그머니 자리를 피하셨다.
우리는 누구도 간섭하는 사람이 없는 상황에서
마음 놓고 자기가 할 이야기를 풀어놓곤 했다.
그러나 속 시원히 해결되는 것은 아니었다.
둘 다 한 발짝 뒤로 빠지곤 했지만,
그 한 발짝에는 많은 인내와 미움의 잔여물이 묻어 있었다.

그것은 사실 화해가 아니었다.
그때 양보한 한 발짝에 담긴 무수한 이야기를
나는 어른이 된 후에야 알 수 있었다.
처리되지 않은 찌꺼기는 긴 세월이 지나도 여전히 남는다.
서로의 감정을 솔직히 얘기하고 풀어 놓으면 좋으련만
여전히 내 동생은 침묵이다.
겉으론 표현하지 않지만 난 잘 안다.
어릴 적 언니에게 눌려 억압되었던 동생의 분노를······.

나이가 들면서 우리는 조금씩 무디어져 가는 듯했다.

그러나 오래된 상처는 쉬이 그 흔적이 사라지지 않는다.

보수적이셨던 부모님, 특히 아버지는
딸들을 키우면서 위계질서를 강조했고
우리는 자연스럽게 배웠다.
언니들은 어린 동생들을 돌보는 역할만 했다.
그러나 나와 함께 중·고등학교에 다니던 두 살 터울인 동생은
언니인 나에게 함부로 맞서지 않았다.
약간의 다툼은 있었어도 아마 나를 이길 수 없다고 생각했을 것이다.
가만히 생각해보면 그때 동생은 모든 것을 내게 빼앗기고
양보했던 것 같다.

조롱하고 면박을 주기를 일삼았던
내가 동생의 눈에 곱게 보였을 리 없었다.
동생은 그 모든 것들을 참아왔을 것이다.
성인이 되고 결혼을 한 후에야 비로소 내게서 자유로워졌으니
그제야 자기 본연의 모습을 되찾은 것 같다.
그러나 문제는 여전히 남아있다.
그렇게 화해되지 못한 감정은 나이가 들수록 서로를 더욱 불편하게 한다.

차라리 확실하게 싸우고 해결했더라면

내 인생은
별 볼 일 있는 삶이에요

그것은 한낱 어릴 적 추억으로만 아름답게 남아있을지도 모르겠다.
다툼이 무조건 나쁜 것은 아니다.
그때 그것을 알았더라면 조건 없는 비난보다는
다툼의 원인을 제대로 파악하고 실마리를 풀어가며
정리하는 시간을 가졌어야 했다.

이것은 사회정치 세계에서도 찾아볼 수 있다.
이 나라가 좀 더 살기 좋은 나라가 되길 원한다면
서로 물어뜯는 독선적이고 이기적인 비판을 하기보다는
서로 합리적인 해결책을 찾기 위해 나서야 한다.
싸움을 피해 갈 수 없다면 서로 다치지 않고 상처를 남기지 않는
기술을 터득해야만 한다.

조바심내지 말 것

사회는 우리가 생각하는 것보다
그렇게 빨리 변하지 않는다.
오늘 존재했던 일들이 내일 당장 사라지거나
오늘 가진 능력이 없어지는 것은 아니다.
혁명은 한순간에 일어날 수 없으며

영원히 변하지 않는 것은 없다.

일이 잘 풀리지 않거나 지체될 때,

도전의 결과가 성공이 아니라 실패로 다가왔을 때

너무 낙심하거나 좌절하지 말자.

잠시 정리하는 시간을 두어도 좋다.

풀리지 않을 때 억지로 풀려 하면 마음이 조급해진다.

조급함은 집중을 저하하고

뇌 회로를 망가뜨려 오히려 실패 요인을 가중할 수 있다.

그러므로 조급함을 버리고

잠시만 천천히 모든 것에서 벗어나자.

편안하고 안정된 마음은

새로운 것을 시작하게 하는 원동력을 제공해 준다.

내 인생은
별 볼 일 있는 삶이에요

03

한때는
방황해도 괜찮아

예전에 방황하는 청소년들은 사회적으로도 용납이 안 되고
인생을 헛되게 몰아가는 비상식적인 사람이라 치부했었다.
오래된 이야기지만 내게 찾아왔던 내담자 중에
대학을 중도에 포기하고 자신의 재능에 맞는 일을 찾아
즐거운 나날을 보내던 청년이 있었다.
뒤늦게 그 사실을 알게 된 그의 부모는 시골에서 올라와
그를 찾아내었고 당장 일을 그만두고 시골로 내려오라는
엄포를 놓고 돌아갔다.

그는 부모님께 대항하며 자신의 목표한 바를 주장하려 했지만
어머니의 모습을 본 순간
그동안 자신을 위해 희생한 어머니의 얼굴이 너무도 절박해 보여

아무 말도 할 수 없었다.
행복하고 즐거웠던 날들은 이내 어둠으로 뒤덮였고
밝았던 그의 얼굴은 온통 그늘로 물들었다.

영화 〈죽은 시인의 사회〉에 등장하는 닐이라는 인물의 이야기와
비슷한 상황이었다.
청년은 한동안 아무것도 하지 않으면서
낮을 밤처럼 밤을 낮처럼 보내며 방황했다.
다행히도 청년은 좌절하지 않았다.
결국, 부모의 뜻대로 대학에 복학한 후 졸업했다.
이후 취직을 하려 했지만 그 또한 쉽지 않자
부모는 이내 아들이 원하는 삶을 살도록 허락하였다.
그는 한동안 아르바이트를 전전하며 다시 공부하였고
마침내 자신이 원하는 일을 하게 되었다.

방황의 시간을 충분히 가졌기 때문일까?
그는 그동안 많은 생각과 경험을 통해 삶의 유연성을 배웠고
삶은 결코 원하는 것을 쉽게 내어주지 않는다는 사실을 깨달았다.
그러나 그는 원하는 바를 포기하지 않았고
한결같은 마음으로 꿈을 품었다.
사람은 전환점마다 잠깐의 방황이 필요하다.

내 인생은
별 볼 일 있는 삶이에요.

방황은 그저 헛되고 부질없는 것만이 아니다.
자신을 다시 한번 돌아보고 재정리하는 시간은
오히려 전환점을 맞아 새롭게 시작하는 데 큰 도움이 된다.

스스로 자유를 허락하기

북유럽 국가가 이상적으로 보이는 것은 국민이 다른 어느 국가보다
높은 행복도를 보이기 때문이다.

> 그러나 『세상 모든 행복』의 저자 '레오 보만스(Leo Bormans)'는
> 그들이 높은 행복감을 느끼는 것은
> 단지 높은 소득과 복지혜택으로 얻어지는 결과는 아니라고 말했다.
> 그들은 자유로웠고 서로를 신뢰했으며 다양한 재능과 관심을 존중하고
> 많은 기회를 허용하기에 가능한 것이라고 한다.

삶의 모습들이 어떠하든 한 개인의 삶과 그 개인이 존중받고
신뢰하는 사회라면 우리는 모두 어느 때보다 자유로울 수 있을 것이다.
그러나 우리는 그와는 정반대의 삶을 살고 있다.
서로를 물고 뜯고 할퀴며 강요하고 불신하는 그런 사회에서
스스로 자유를 박탈한다.

방황은 자유다.

그런 방황을 바라보는 시선이 좀 더 너그럽다면

우리는 방황 뒤에 찾아오는 안정감으로

자신을 옥죄어 오는 박탈감에서 벗어나,

이 불행한 현실에서 한 발짝 앞으로 나아가는 의지를 찾게 될 것이다.

세상에 영원한 건 없다.

지금 당장 고통스럽고 절망적이더라도

시간을 두고 아파하고 고민하고 방황하는 시간이 지나면

내 인생은
별 볼 일 있는 삶이에요

언젠가는 그 또한 추억이 될 것이다.
그러나 그 절망이 언제 끝날지는 아무도 모른다.
다만 영원하지 않다는 것은 분명하다.
지금 힘들다고 도망치거나 주저앉아 버리면
그것에 스스로 매이는 것과 다름없다.
일이 잘 풀리지 않고 되는 일이 없다고 생각될 때
모든 일에서 떠나 한동안 자신에게 자유를 허락하자.
잠시 쉬어가며 에너지를 충전할 수 있다.

방황해도 괜찮다.
방황이 자신의 인생을 해치지 않는다면
시간을 두고 천천히 방황과 친해지는 것도 괜찮다.
다만 너무 오래 머물지 말아야 한다.
방황이 길어지면 다시 일어설 힘마저
빼앗아 버릴 수 있기 때문이다.

04

친한 만큼
적당히 거리 두기

한창 사랑할 때는 한여름 불볕더위에
숨이 턱턱 막혀도 더위 따윈 아무런 문제가 되지 않는다.
서로 어깨동무를 하고 팔짱을 끼고 있어도
조금이라도 멀어질까 아쉬운 마음에 좀처럼 거리를 두지 않는다.

그러나 시간이 가고 마음에 여유가 살짝 들어오면
밀착된 거리는 조금씩 숨을 조여 온다.
그러다 보니 가까스로 떨어지면 조금 더 거리를 두고 싶고
거리를 두다 보면 제 편한 길로 가고 싶은 것이 사람이다.

아주 친밀한 관계일수록
처음부터 적당한 거리를 내어주는 것은

서로를 위해서도 좋다.
친밀하다는 이유로 서로를 옥죄는 것은
관계를 점점 더 불편하게 만들 뿐이다.

연인뿐만 아니라 가족이나 친구, 지인 등
모든 사람의 관계가 그렇다.
지나치게 밀착된 관계는
서로에게 불쾌감을 줄 수밖에 없다.

아무리 가까운 사람일지라도
누구나 비밀은 있다.
지나친 간섭과 참견이 비밀까지 침범하는 행위가 된다면
오히려 함께하는 것이 독이 될 수도 있다.

모두가 함께 좋은 관계를 유지하며 살아간다는 건
각자의 자리를 지켜 주고 개인의 영역을 침범하지 않는 범위 내에서
사랑과 관심을 보여주는 것이다.
상대가 마음껏 자유로울 범위 안에서
손 내밀면 닿을 거리 안에서
바라보고, 바라봐주는 좋은 사람

내 인생은
별 볼 일 있는 삶이에요

이제는 더 이상 불행을 자초하는 사람이 되지 말자.

그 삶이 세월을 거두어 투명하게 될 때까지

우리는 그저 서로의 존재를 존중하고

함께하다 떠나가면 축복을 빌어주는 그런 관계를 기뻐해야 한다.

우리의 미래는 사람을 옭아매지 않는다.

하나의 완충재가 되어 서로 돕고 믿으며 성장하는 데 기여하면 된다.

우리는 그것으로도 충분하다.

좋은 관계를 유지하려면

사람들은 힘들고 아플 때

분위기를 띄워 침체된 감정을 살려야 한다고 착각한다.

물론 이는 관심을 가지고 배려하는 차원에서 하는 생각임은 틀림없다.

그러나 이는 오히려 상대의 감정을 파괴한다는 사실임을

우리는 알아야 한다.

때로는 충분히 슬퍼하고 아파해야 할 때가 있다.

감정은 무조건 억제하는 것보다는

적당히 감정에 머물러 있을 필요가 있다.

그러다 보면 어느새 마음은 진정되고

현재의 감정에서 일어나 슬그머니 주변을
둘러볼 여력이 생긴다.

그때까지 그들을 기다려 줄 필요가 있다.
다시 일어선 그를 위해 손을 잡아 주는 것만으로도 괜찮다.
함께 산책하거나 맛있는 음식을 먹는 것도 좋다.
자신의 마음을 이해하고 기다려준 당신에게
상대는 고마운 마음이 들 것이고 말하지 않아도 느껴지는
신뢰의 관계를 유지할 수 있을 것이다.

눈치 없이 침체된 분위기를 띄우기 위해 애쓰지 않아도 된다.
오히려 공감 능력이 결여된 나와 다른 세상을 사는
사람으로 보일 수 있다.
대화를 한 번 더 하고 싶은 사람은
눈치 없이 분위기를 띄우고자 애쓰는 사람이 아니다.
감정을 충분히 이해하고 공감하되 손 내밀면 닿을 거리에서
관심을 가지고 묵묵히 기다려준 사람
그런 사람에게 마음은 반응하기 마련이다.

05

상대에게
집착하지 않는 방법

마음이 통하고 서로를 좋아하는 마음은

축복이자 은총이다.

그러나 이미 마음이 떠나 나를 좋아하지 않는 사람에게

마음을 거두어내지 못하고 미련을 두는 것만큼

미련한 것은 없다.

미련은 사람을 비참하게 만든다. 미련은 어디까지나 당신의 일방적인

감정일 뿐이지 상대의 마음과는 별개이기 때문이다.

그런 상대에게 집착하는 것은

자신에게 더 큰 상처를 입힐 뿐이다.

나를 좋아하지 않는 사람에게서 속히 마음을 거두고

빠져나와야 한다.

소중한 나를 귀히 여기고 사랑해 줄 사람은
어딘가에서 당신과 만날 날을 기다리며
묵묵히 자신의 삶을 살아가고 있지 않을까?
그날이 언제일지 알 수 없지만
인연의 때는 무수한 시공간을 넘어
방긋이 고개를 내밀며 화사한 웃음으로 당신 앞에 다가올 수 있다.

이미 떠난 사람은 마음 편히 지나가도록 내버려 두자.
그 빈자리를 채워줄 더 좋은 사람을 만나기 위해
누군가 지나간 자리는 깨끗이 비워둠이 아름답다.

우리는 모두가 지나가는 과객일 뿐

우리는 관계라는 틀에 매여 서로를 옭아맨다.
부부관계, 부모관계, 형제관계, 친구관계 등
모두 세상에서 가장 근접한 거리에 있고
친밀함을 유지하며 살아간다.
그러나 우리는 철저하게 독립되어 있다.
가까이 있다 한들 모두가 내 것이 될 수는 없는 것처럼.

그렇게 좁은 관계 속에서
차라리 얕음을 인정하는 관계라면 좋으련만
사람들은 친밀감이 조금 더 두터워지기를 바라고
그만큼 깊이 개입하기를 원한다.
관계 속에 속한 상태에서 안심하고 안정을 느끼며
중요한 사람이 되고자 노력한다.

내 사람이 되어야 하고 친구라 여김을 받아야 한다는 것은
강박적 사고에서 나온다.
그렇기에 지나가는 사람들을 사랑과 우정으로 엮어 포장하고
기꺼이 상처받기를 거부하지 않는다.

사람은 누구나 지나가는 과객이다.
그것은 부모, 형제, 친구 등 모두 해당한다.
잠시 살아가는 세상 속에서 한동안 머무는 인생일 뿐
함께한다 하여 내 것이 될 수 없음을 깨달아야 한다.
우리의 삶은 철저하게 독립적인 존재들로만 구성되어 있기 때문이다.
그러나 사람들 모두가 나를 떠나는 것은 아니다.
함께하되 분리된 삶은 서로에게 자유를 허락하고
함께 살아가기 위해 우리는 더욱 철저하게 서로의 영역을
침범하지 말아야 한다.
때로는 아플지라도, 때로는 고독할지라도
지나가는 사람에게 작별을 고하고
때로는 약간의 고독을 감수하는 일을 기꺼이 맞이할 줄 알아야 한다.

관계를 지속하기 위해
노력하지 말기

친절한 사람들이 겪는 고충 중에 한 가지는

거절해야 하는 상황에서 난감해하는 것이다.

사람들에게 유난히 친절한 후배가 한 명 있다.

그는 다른 사람의 부탁이나 무리한 요구를

기꺼이 받아주며 밤이 늦도록 그 일을 해결하느라

매일 늦은 시간이 되어서야 귀가했다.

어느 날 그는 지인의 부탁으로 이사 일을 도우러 갔다.

이삿짐센터에서 모든 업무를 진행했지만

그 후에도 잔 일이 많이 남아서 잡다한 일들을 돕기 위해

그 집에서 하루를 보냈다.

이러한 일들은 종종 생겼다.

어느 주말 그는 오랜만에 아이들과 놀이동산을 가기로 약속했다.
그날만을 손꼽아 기다린 가족들은 기대에 잔뜩 부풀었다.
그런데 하루 전날 사건이 터졌다.
얼마 전 이사 일을 도왔던 사람에게 전화가 왔다.
내일 지방에서 부모님이 올라오시는데 짐이 많아
혼자서는 정리가 힘들 것 같다고 도와줄 수 있겠냐는 부탁이었다.
아이들과의 약속이 있는 터라 무척 난감했지만
그는 알겠다고 말해 버렸다.

당연히 가족들은 실망했다.
매번 약속을 지키지 않는 남편과 아버지에 대한 신뢰가 깨져버렸다.
그러나 그는 상대의 요구를 거절한다면 이후 공적이나 사적으로도
그 사람을 만날 용기가 나지 않을 것 같았다고 한다.
그렇게 소중한 사람들에게 상처를 주면서까지
부탁을 들어줄 수밖에 없는 그는 어떤 심정이었을까?
어쩌면 상대는 그가 거절하지 못하는 성격임을
이미 알고 있었을지도 모른다.

가만히 보면 그렇게 선한 마음으로 도움을 주려고 하는 사람들은
상대가 나를 어떻게 생각할까에 초점을 맞춘다.
혹시나 나쁜 사람으로 보일까 봐,

내 인생은
별 볼 일 있는 삶이에요

혹시나 상대와 불편한 관계가 될까 봐,

자신의 이미지가 실추될까 봐 걱정하고 염려한다.

그러나 사람들은 저마다의 생활이 있다.

다른 사람과의 관계를 지속하기 위해 나의 삶을 희생하는 건 옳지 않다.

때로는 자신의 삶을 우선시하고

단호하게 거절할 줄도 알아야 한다.

이런 유형의 사람들에겐 사실 거절도 쉽지 않다.

그러나 용인될 수 있을 땐 용인하더라도

그렇지 않은 상황에선 단호하게 할 수 없는 이유를 말해야 한다.

어정쩡한 거절은 안 하느니만 못하다.

조금은 냉정할 줄도 알아야 한다.

만약 상대와의 관계를 지속하기 위해

좋은 사람으로 끝까지 남고 싶다면, 삶은 더욱 피곤해진다.

당신을 찾는 요구는 더 많아질 것이고 그로 인해 당신의 소중한

다른 무언가를 잃을 수도 있다.

당신에게 가장 소중한 것은 무엇인가?

당신에게 가장 소중한 사람은 누구인가?

지나치게 한쪽으로 치우치다 보면 우리는 관계에서 실패할 우려가 있다.

적절하게 균형을 이루는 삶의 요령도 반복하다 보면

익숙해지기 마련이다.

내 인생은
별 볼 일 있는 삶이에요

지금의 관계에 최선을 다하기

몇 년 전 20년 만에 어릴 적 소꿉친구와 연락이 닿았다.
너무나도 그리웠고 보고 싶었던 친구였지만
서로가 간절했던 바람은 20년이라는 세월의 벽을 넘기가
그리 쉽지 않다는 것을 이내 깨달았다.
서로의 생활패턴과 하는 일도 다르다 보니
어릴 적 추억을 공유하는 것 이외에는 별로 할 말이 없었다.
그리고 이내 연락이 뜸해졌다.
물론 잊을 수 없는 사람이지만 나와 늘 함께하는 사람들과의
친밀감을 옛 친구는 따라올 수 없었다.

옛사람은 옛사람대로 소중하다.
그러나 지금 내 옆에 있는 사람들은 서로 지켜야 할 소중한 관계이다.
대부분 세대가 바뀔 때마다 사람들의 전화번호 리스트가
바뀌는 것을 쉽게 볼 수 있다.
나만 해도 벌써 수차례 개편되었다.
그러다 보니 까마득하게 잊힌 친구도 있고
가끔 연락하는 친구도 있다.
중요한 자리는 지금의 친구들이 모두 차지한다.
나이가 들면서 새롭게 맺어진 인연들이 하나둘씩 늘어나고

연락이 뜸한 친구들은 하나둘씩 지워져 간다.
나도 그렇지만 상대들도 그들만의 삶을 살아가느라
나를 잊었거나 추억의 친구로만 묻어두었을지도 모른다.
이렇듯 사람 사이에 영원한 관계는 없다는 말이 맞는 것 같다.

그것은 누구의 탓도 아니며,
야속하다거나 서운할 일도 아니다.
옛 추억의 친구들을 가끔 만나 차 한 잔 나누더라도
아무 일 없는 듯 초연하게 서로의 삶을 축복해줄 수 있다.
현재 내 삶의 관계와 얽힐 필요가 없는 것이다.
나에게 더 중요한 것은 지금 나와 함께 있는 사람이다.
즉, 지금의 관계는 현재 나와 가장 잘 맞는 사람들끼리 이루어졌다.

당신의 삶에 어느 누군가가 함께하는 것이 절실하듯
다른 누구도 당신과 함께하는 것을 원할 수 있다.
사람은 완벽할 수 없다.
서로 의지하며 돕고 살아가기에 가장 잘 맞는 사람은
바로 지금의 관계를 지속하는 사람들이다.
그 사람들에게 항상 감사하며
최선의 마음을 나누기 바란다.

내 인생은
별 볼 일 있는 삶이에요

나의 길을
걸어갈 것

다른 사람의 평가에
신경 쓰지 마세요

'누군가 나를 이기적인 사람이라 생각하지 않을까?'
'사람들이 나를 이상하게 보면 어떻게 하지?'
누가 나를 어떻게 바라볼지 생각하느라 주장을 펼치지 못하고
눈치만 보며 자신을 억압하는 사람들이 의외로 참 많다.
이런 생각으로 아무것도 하지 못하는 사람들은
누가 뭐라 해서가 아니라 스스로 스트레스를 지고
불속으로 뛰어드는 것과 같다.
그러므로 이러한 생각들은 완전히 접어두는 것이 좋다.

사람은 무엇을 하든 그것을 처리하는 방법이 모두 다르다.
골프를 치든, 바둑을 두든, 무엇을 하든 말이다.
완전 초보가 아닌 이상 이래라저래라

부족해 보이는 부분을 지적하고 고치려 드는 사람과 함께한다면
여간 피곤한 일이 아니다.
그러나 이런 사람들하고 함께하다 보면
반드시 평가는 나오기 마련이다.
그런 평가가 두려워서 우리는 왠지 압박감을 느끼고
두려움을 떨치지 못해 더 긴장하게 된다.

미국의 심리학자 응옥 부이(Ngoc Bui)는
72명의 대학생을 두 팀으로 나누어
에세이 과제를 내주었는데,
한 팀에게만 나중에 교수님뿐 아니라 고등학생 앞에서
소리 내어 읽을 것이라고 암시해 주었다.
그리고 한 팀은 오직 교수님에게만 평가받는 것으로 알고 있었다.
그 결과 고등학생들에게 평가받을 것을 미리 알았던 학생들은
그렇지 않은 학생들보다 훨씬 더 많은 시간을 들여
과제를 완수한 것으로 나타났다.

이렇게 우리는 타인의 평가를 두려워하는 경향이 있다.
질적으로 보았을 때 그리 큰 차이는 보이지 않지만
평가에 대한 두려움은 긴장감을 증폭시킨다.
오히려 갖춘 실력보다 좋지 않은 결과를 보이기도 하며,

실수나 실패의 확률도 더 높게 나타났다.

그러므로 타인의 시선이나 평가를 의식하는 것은 그리 바람직하지 않다.

타인들은 그렇게 예민하게 당신을 바라보지 않는다.

그냥 자연스럽게 원래의 모습이나 실력을 발휘하면 그만이다.

오히려 지나치게 타인의 평가에 신경 쓰다 보면

부자연스럽고 어색하여 눈에 더 잘 띄어서

좋지 않은 평가를 받을 수 있다.

그러므로 우리는 누구 앞에서든 자연스러워야 한다.

자연스러움은 사람들의 시선이나 평가를 분산시키는 효과를 준다.

타인의 시선에서 자유롭기

내가 진행하는 리더십 과정에 등록한 한 여학생의 이야기다.
그녀는 잔뜩 위축된 모습으로 다른 사람과 눈을 잘 마주치지 못했고
특히 말하는 것에 자신감이 없었다.
상담할 때도 얼마나 긴장을 하고 있던지
마음이 아플 지경이었다.

상담해 보니 그녀는 사람들 앞에만 서면
모든 사람들이 자신만 쳐다보는 것 같아서 서 있기도 힘들다고 했다.
그래서 가능하면 발표를 피하고
차라리 감점되는 것을 선택한다고 했다.
참으로 안타까운 일이 아닐 수 없다.
그녀는 말주변이 없는 사람은 분명 아니었다.
표현력이 많이 부족하긴 했지만
그 또한 훈련을 통한다면 충분히 개선 가능한 문제였다.

가장 큰 문제는 두려움을 없애는 일이었다.
우리는 사람들 앞에 서면 누구나 조금씩은 긴장한다.
그러나 사실 사람들은 나에게 그리 큰 관심이 없다.
오히려 이상한 행동이나 긴장감 등이 노출되었을 때

시선을 끌어들이는 효과를 볼 수 있으므로
두려움을 현실로 만드는 것과 다름없다.

그녀는 약 삼 개월간의 훈련을 통해
긴장이 상당히 완화되었다.
타인의 평가가 그리 중요한 것이 아님을 받아들이고
그들의 시선에서 벗어날 수 있도록
지금도 열심히 피드백을 받으며 최선을 다하고 있다.

긴장은 없던 불안을 초래하며, 능력을 발휘하는 것을 방해한다.
내 모습에 자신감을 가지고 당당하게 세상을 대한다면
어느 자리, 어느 사람 앞에서도
멋지고 매력적인 사람으로 보일 것이다.

02

남이 아닌
내가 보는 진짜 내 모습

세상 모든 사람들은 저마다 다른 모습을 가진다.

불공평한 듯싶지만 남자든 여자든 미인들이 세상을 살아가기에

훨씬 유리하다는 것을 부인할 수는 없다.

예를 들어 어느 장소에서든 외모가 예쁘고 잘난 사람들은

눈길을 끌기 마련이다.

사람들은 그들에게 더 친절하고 호의적이다.

이를 눈치챈 사람들은 자신들이 뒷전으로 밀린 것에 대해

항의해 보지만 자신만 비참해질 뿐 변하는 건 하나도 없다.

어느 겨울날 빙판에서 두 여성이 미끄러졌다.

한 여성은 뚱뚱한 중년이었고

다른 한 여성은 젊고 아리따웠다.

사람들은 젊은 여성에게 달려가 일으켜 주며 괜찮냐고 묻는다.
그러나 뚱뚱한 중년 여성의 경우는
괜찮냐고 물어볼 뿐 선뜻 달려가 손 내미는 사람이 없었다.
이것이 바로 사람들의 본능이다.
의도치 않게 시선이 머무는 것
의도치 않게 몸이 먼저 가는 것

결국, 덜 이쁘고 뚱뚱한 것이 자기 책임일 뿐
사람들의 환심과 배려를 탓할 상황이 아닐 때도 있다.
외모가 전부가 아니라고들 말하지만
최소한 자신에 대한 성의는 보여주어야 한다.
이미지 관리는 다른 사람의 평가를 위해서라기보다는
자신에 대한 예의이자 도리이다.

외모로 사람을 평가하는 것을 공평하지 못하다고
말할지도 모르나 이것은 공평과는 거리가 먼 얘기다.
공평은 이성적인 부분이다.
세상은 감성적인 부분에서는 공평을 들먹이지 않는다.
이것은 우리가 이해해야 할 부분이므로
그 누구를 탓할 문제가 아니라
자신을 돌아보고 자신에게 최선을 다하지 못한

내 인생은
별 볼 일 있는 삶이에요

자신을 스스로 탓할 문제이다.

예쁘고 안 예쁘고는 타고난 부분이라 성형술이 아니면 어쩔 수 없다.

그러나 꼭 외모만 보고 사람을 평가하지는 않는다.

자신의 모습을 가꾸고 안 가꾸고는

삶을 어떻게 대하느냐와 같은 맥락이다.

사람들은 자기관리를 잘하는 사람들에게 호의적이다.

불평하기에 앞서 자신의 모습을 살펴보기 바란다.

귀찮다고 내 모습에

신경 쓰지 않고 사는 것은 아닌지…….

이는 세상을 되는대로 대충 살아가는 것과 별반 다르지 않다.

개인의 이미지를 존중하기

사람들은 저마다 자신의 이미지를 최상으로

끌어올리기 위해 노력한다.

정성껏 화장하고 어울리는 옷을 찾아 입고

아침마다 거울 앞에서 표정관리를 하며 정성을 기울인다.

자신이 좋아하는 스타일이 아니라는 이유로

멸시하고 경멸하는 것은 소인배나 다를 게 없다.
당신의 모습도 그들 눈에는 썩 괜찮지 않을 수 있다.
우린 모든 사람이 하나도 같지 않음을
다 알고 있으면서 머리로만 인정할 뿐이다.
가슴으로는 냉정하게 판단하고 평가하느라 여념이 없다.

성격뿐만 아니라 외모를 관리하는 것도
옷이나 장신구를 선택하는 것도
사람마다 제각각인 것을.

사실 외모에는 한 조직 내에서 특별히 규정을 짓기 전까지는
어느 것도 정답이 될 수 없다.
그것은 철저하게 개인의 영역이므로
누구든 함부로 침범할 권리가 없다.
설령 보기에 거북하고 눈에 거슬린다 하더라도
그것은 그 사람의 개성이며 스스로 개선할 일이다.
누군가 그를 향해 지적하거나 충고한다면 상대의 감정만을 해칠 뿐이다.
자신이 선택한 것을 누군가 간섭하는 것을 좋아할 사람은 아무도 없다.

이미지는 매우 중요하다.
이미지는 내가 선택하지만

내 인생은
별 볼 일 있는 삶이에요

그것을 보는 것은 세상의 모든 사람들이다.

내 것을 철저히 무시하고 상대가 원하는 대로 살 필요는 없다.

그러나 때와 장소와 상황에 따라 달리해야 하는 것이 이미지다.

자기 이미지 관리는 관계 속에서 함께 살아가기 위한

최소한의 예의이자 배려이다.

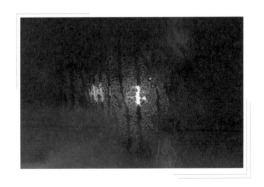

03
의견충돌을
피하지 않으려면

어떠한 상황이나 문제 해결 방법을 논할 때
보통 한두 사람은 서로 다른 의견을 제시한다.
문제는 상대의 의견을 조금도 수긍하지 않고
잘못된 것인 양 몰아세우는 일이다.
이런 점에서 자기 의견을 굽히는 것은 자존심과 직결된다.
결국, 의견을 하나로 모으지 못하고 해결책을 찾지 못함으로써
일은 지연되고 약간의 불미스러운 경험을 하기도 한다.

이러한 일들을 피하고자
몇몇 사람들은 상대의 의견에 무조건 따라주기도 한다.
"알아서 해, 우린 그냥 정해진 대로 할게."
"선배님이 하자는 대로 무조건 따라갈게요."

이러한 말들은 상대를 절대적으로 신뢰한다는 표현이기도 하다.
그러나 그런 마음과는 달리 할 말이 있어도
분란을 일으킬까 두려워서 하지 못하거나,
이해가 가지 않는 상태에서 그냥 묻어간다는 식의 태도는
자칫 더 큰 불화를 조성할 수 있다.

상대와 의견이 다르다면 약간의 충돌이 있더라도
정확히 자신의 의견을 말할 줄 알아야 한다.
서로 다른 의견을 존중하고 의견의
차이점을 찾아내는 것은 무엇보다 중요하다.

'캐나다 요크 대학교의 로널드 버크 박사'가 조사한 자료에 의하면
베테랑 매니저의 58.5%가 의견충돌이 빚어졌을 때 일단은 서로
의견을 교환하는 것으로 해결했다고 한다.

의견을 교환하고 합리적인 방법을 찾기 위해 노력하는 것은
같은 조직원들이 머리를 맞대고 해결해야 할 문제이다.

처음부터 한 가지로 통합된 의견이 나온다는 것은 사실 불가하다.
이는 분명 충돌을 피하기 위해 말을 아끼는 것임이 분명하다.
서로 다른 사람들이 같은 생각을 한다는 것은 행운이다.

그러나 모두가 같을 수는 없다.

의견이 충돌되는 상황을 피할 필요는 없는 것이다.

의견을 말하기 전에 상대의 의견을

충분히 이해했음을 표현하며 시작하는 것이 좋다.

"의견 잘 들었으며 충분히 이해합니다. 그러나 제 생각은 이렇습니다."

상대의 의견을 존중해주는 것은 무척 중요하다.

그러나 자신의 의견을 말하는 것은 문제 해결에 대한 관심을 표하고

참여자의 의지를 보여주는 것이므로

오히려 상대에게 신임을 얻을 수 있는 계기가 되기도 한다.

극과 극이 만났을 때 발생하는 스파크

의견충돌은 서로 비슷한 성향의 사람들끼리 주로 발생한다.

자신이 옳다 여기며

자신 있게 의견을 내놓았지만, 누군가는 나와 판이한 의견을 말한다.

두 사람 다 자기 생각이 확고하며,

그것을 철회하거나 양보할 의향이 없으니,

충돌은 피해 갈 수 없는 상황으로 몰리게 된다.

둘 중 한 사람이 마찰을 원하지 않아 슬그머니 한발 물러서지 않는 이상

충돌은 좀처럼 해결의 실마리가 보이지 않을 것이 분명하다.

의견충돌은 직장은 물론, 집단이나, 소모임에서도 일어난다.
두 사람 이상이 모이는 자리라면 흔하게 일어나는 일이다.
그로 인해 관계가 깨지고 파괴되는 경우가 생기기도 한다.
대부분의 사람들이 그것이 두려워 자신의 의견을 철회하곤 하는데
이는 바람직하지 못한 현상이다.

사람들은 자신의 의견을 말할 권리가 있다.
그러나 수많은 의견 중 자신의 의견만이 옳다 여김을 받을 수는 없다.
모든 사람들의 의견을 경청하고 본인의 생각과 비교 분석하는 것은
전체 의견을 하나로 통합시키는 과정이다.
그것은 특정한 한 사람만의 의견이 아닌, 모두의 의견을 모아
합리적인 방안을 끌어내기 위함이다.
그러므로 어떤 의견도 무시할 수 없다.

충돌은 자신의 의견이 무시당하거나 경시당했을 때 일어난다.
충분히 알아듣고 이해했다는 의사 표현과 존중해주는 태도를 보인다면
감정의 대립은 피해 갈 수 있다.
자신과 뜻이 다르다 하여 말도 안 되는
억측이라 치부하고 반박하는 것은
상대를 거절함은 물론 존재 자체를
경멸하는 것과 같은 느낌을 주게 된다.

내 인생은
별 볼 일 있는 삶이에요

즉, 자존감에 영향을 주는 것이다.
자존감에 공격을 받은 상대는 자신을 지키고자 끊임없이 투쟁할 것이고
결국은 피할 수 없는 항쟁이 벌어지게 된다.

자신의 의견을 자신 있게 내놓는 것은 좋다.
그러나 내 의견만이 옳다 여김은 내 판단일 뿐이다.
억측 같지만 누구나 자신의 의견이 옳다고 생각하므로
상대방 의견에 동조할 수 없는 것을 당연하게 여긴다.
그것은 사람들이 쓸데없는 좌절감과 패배감을
아무것도 아닌 사소한 일에서도 느끼고 싶지 않기 때문이다.

04

무조건 참는 것은
좋지 않다

용서할 수 없는 상황일수록 용서하는 것이
진짜 참다운 용서라고 선인들은 말한다.
우리나라 사람들도 어린 시절부터 참고 인내하는 것만이 미덕이며
문제 충돌을 피해 가는 것이 최선책이라고 교육 받고 자랐다.
그러나 무조건 참는 것은 정신건강은 물론 육체적인 질병의
원인이 될 수 있다는 사실이 알려지면서
무조건 참는 것이 미덕이라는 말은 점차 사라지는 추세다.

　　미국 존스 홉킨스 의과 대학의 '샤퍼 박사'는
　　졸업생 중 약 천 명을 대상으로
　　30년 이상에 걸친 추적 조사를 시행했다.
　　그 결과 가슴속에 일어나는 감정을 참지 않고

내 인생은
별 볼 일 있는 삶이에요.

솔직하게 표현하는 사람들은

암에 걸린 비율이 1% 미만에 그쳤다.

반대로 감정을 억압하고 참아내는 사람은

솔직하게 표현하는 사람에 비해

암에 걸린 비율이 16배나 높았다.

말하나 마나 그 차이는 그야말로 엄청나다.

감정이 삶에 얼마나 큰 영향을 미치는지는

이 통계치만 보아도 한눈에 알 수가 있다.

사람들이 부대끼며 살아가는 지구는

감정으로 똘똘 뭉쳐 있다.

온갖 기쁨과 슬픔, 분노와 좌절, 행복과 불행, 공포와 두려움 등

이 수많은 감정들이 함께 섞여 살아가는 지구가 견딜 수 있는 것은

누군가는 그 감정들을 하나씩 끄집어내어

말끔히 털어내는 작업을 하기 때문이리라.

물론 시도 때도 없이 변하는 감정들을 일일이 다 열거하며

끌어 내놓을 수는 없는 일이다.

그러므로 조금씩 감정을 둔화시킬 필요가 있다.

사람을 이해하는 것부터 시작해보자.

내 인생은
별 볼 일 있는 삶이에요

이런 사람도 있고 저런 사람도 있다는 것을
같은 사물을 보아도 방향에 따라 달리 보이며,
각도와 위치에 따라 보이는 모양이 다르니
표현해내는 것 또한 각양각색이리라.
그러므로 철저하게 이해해야만 한다.
이해는 강요에 의해서가 아니다. 깨달음이자 배움이며 지혜다.
이해는 상대를 위한 것이 아니며,
바로 내가 편하자고 하는 것이다.
무조건 참는 것은 자기에게 너무 가혹하다.

쓸데없이 참견하지 말기

내가 하는 일에 일일이 간섭받거나 다른 사람이 참견하는 것을
좋아할 사람은 하나도 없다.
자신의 전문분야에서 탁월한 능력을 발휘하는 사람은
자기만의 독특한 방식이 있다.
그들은 하나의 작품을 만들거나 일을 성취하기 위해
자신에게 가장 편안한 방식을 만든다.

예를 들어 작업할 때 모든 자료들을 늘어놓고

해야 일이 잘 되는 사람들이 있다.

그들은 시선만 돌리면 손이 닿는 곳에 필요한 것들을 배치해 놓고

가장 편하고 빠르게 일 처리를 하는 방식을 고수한다.

사람들은 편안할 때 가장 좋은 결과를 만들어낸다.

이러한 것들을 두고 왜 이리 엉망이냐는 등, 산만해서 집중되겠냐는 등

운운한다면 아무것도 모르면서 아는 체하는 것이나 다름없다.

내 아들은 방에 들어가서 작업할 때면 온통 책상 위가 난장판이다.

쓰레기처리장을 방불케 하는 책상 위를 보면서

예전에는 참 많이도 싸웠다.

그러나 아들은 그렇게 어질러 놓은 상황에서도

본인이 필요한 것들을 정확하게 찾아내어 일을 처리했다.

그리고 한마디 던진다.

"책상 위는 절대로 건들지 마세요."

어느 날 아들이 없는 틈을 타

책상 위를 깨끗이 치운 적이 있었다.

보다 못해 정리해 준다고 한 일인데 그것이 화근이었다.

그 결과 아들은 심하게 화를 내었고 한 시간이면 끝날 작업을

세 시간에 걸쳐 비로소 해결하게 되었다.

내 인생은
별 볼 일 있는 삶이에요

참견이나 간섭은 다시 말해 명백한 침범과도 같다.
우리는 '위함'이라는 모호한 명분 아래
아무런 죄의식도 없이 상대의 영역을 침범하는데
그것은 어디까지나 나의 세계에서 보는 관점일 뿐이다.
상대가 바라는 것이 아니라면 그것은 아무런 의미가 없다.
선의의 참견과 간섭이 상대에게는 명백한 위협이고
자신의 삶을 방해하는 침입자가 될 뿐이다.
그렇다고 무관심이 좋다는 것은 아니다.
중요한 건 관심과 참견의 차이는 분명 명백하다는 점이다.

05

위기를
기회로 바꾸자

좋아하는 일도 아니었고, 하고 싶은 일도 아니었지만
실업자로 전락하는 것이 두려워 참고 다니던 직장이
부도가 났다고 하자.
그렇다면 당신은 어떤 생각을 하게 될까?
어떤 사람은 좋아하는 일은 아니었을지라도 실업자가 될 것을 걱정하며
하루하루를 불안하고 위태롭게 살아갈 것이며,
어떤 사람은 다른 회사를 찾아 동분서주할 것이다.

만일 현재 하던 일이 그리 원하는 일도 아니었고, 언젠가 이직을
계획하고 있었다면, 회사가 부도가 나서 도산할 위기에 처한 것이
당신에게는 새로운 기회가 될 수도 있다.
그동안 하고 싶었던 일에 도전하거나

그동안 못했던 여행을 하며
앞으로의 삶을 구상해 볼 좋은 기회가 될 수도 있다.

위기는 새로운 삶을 열기 위한 하나의 과정이다.
더 큰 것을 얻기 위해 거쳐야만 하는
피할 수 없는 인생의 한 여정일 수도 있다.
위기에서 깨닫고 느끼고 배운 것들을 경험으로 삼는다면
그것만큼 좋은 자원과 자산은 없다.

인생의 성공 열쇠는 그 위기에서 발견할 수 있다.

낙심하고 좌절한다고 해서 위기에 처한 상황은 달라지지 않는다.
물론 저마다 생각과 처세가 다르겠지만
나름의 변화는 모든 이들에게 일어난다.
운영자의 입장이라면 실패한 원인을 발견하고
근로자의 입장이라면 근무에 임했던 자기 생각과 태도를 발견해야 한다.
성공이든 실패든 모든 것에는 반드시 이유가 있으므로
부인하거나 절망하는 일로 시간을 낭비해서는 안 된다.

모든 것은 생각하기 나름이다.
그 어떠한 불행도, 그 어떠한 위기도 생각이 어디에 미치느냐에 따라
상황은 달라지며 충분히 극복할 수도 있다.
또한 더 좋은 삶을 위해 거쳐야만 할 난관일지도 모른다.
삶은 때로는 그렇게 우리를 시련으로 인도하여
연단의 과정을 겪게 한다.
통과한 자만이 쟁취할 수 있는 더 큰일을 맡기기 위해서 말이다.

내 인생은
별 볼 일 있는 삶이에요

구차하게 변명하지 말기

위기를 맞는다거나 실패를 경험했다면
사람들은 대부분 자신의 실패를 인정하려 하지 않는다.
그 이유를 남에게 돌리거나, 실패를 정당화할 구실을 찾아낸다.
실패는 변명의 여지가 없는 과정일 뿐이다.
그러나 실패는 누구나 할 수 있다.
그것을 구차한 변명 따위로 덮으려 한다 한들
그 상황은 달라지지 않는다.
차라리 깨끗하게 실패를 인정하고
실패한 원인을 찾아 점검하고 개선할 방안을 모색해야 한다.
앞에서도 말했지만 우리는 위기 속에서 너무나도 많은 경험을
얻어낼 수 있다는 것을 알아야 한다.

프랑스 중서부 비엔주에 있는 푸아티에 대학교(Universite de Poitiers)의
심리학자 나탈리 앙드레(Nathalie Andre)는
"나는 행운을 타고났다"라고 생각하는 사람일수록
무슨 일에서든 긍정적인 마음을 잃지 않는다고 했다.

아무리 어렵고 힘든 일이 생겨도 낙심하지 말고
이 일이 나에게 던져주는 메시지가 무엇인지를 먼저 생각해야 한다.

사업이든, 연애든, 결혼이든,

우리의 삶은 언제나 그렇게 많은 것들을 선택하고

성공과 실패의 갈림길에서 늘 서성인다.

누구나 실패할 수 있으며 누구나 성공할 수도 있다.

그 결과가 어떻든 그 속에서 너무 오래 머무르는 것은 옳지 않다.

긍정적인 마음으로 세상을 대하되

어느 상황이든 변하는 것이 삶임을 늘 기억해야 한다.

인생을 성공으로만 이끄는 사람은 단 한 사람도 없다.

당당하게 실패를 인정하는 당신은

누구보다도 멋지고 매력적인 사람임이 틀림없다.

변명만큼 구차하고 치졸한 것은 없다.

모든 원인은 내게 있다.

뿌린 것도 나요,

거둔 것도 나다.

실패의 원인을 알고 개선하면 된다.

누구든 완벽한 사람은 없으니 말이다.

내 인생은
별 볼 일 있는 삶이에요

우울한 사람보다
잘 통하는 사람과 함께 걷기

옛날부터 전해오는 말 중에
'사람을 잘 골라 사귀어야 한다'라는 말이 있다.
실제로 자주 함께하는 사람이 어떤 사람이냐에 따라
그 정서를 닮아가는 것을 느낀다.
하물며 집에서 기르는 애완동물도 주인을 닮아간다는 말까지 있다.
그만큼 누구와 함께하느냐는 매우 중요한 일이라 할 수 있다.

미국 텍사스 대학교의 '토머스 조이너 박사'는
대학교의 기숙사에 사는 학생들을 대상으로 우울감을 조사했다.
두 사람이 한방을 쓰는 구조에서 한 곳은 아주 밝은 성격의 학생을,
다른 한 곳은 아주 우울감이 높은 사람을 배치하고
룸메이트는 모두 평범한 정서를 가진 사람을 배치했다.

내 인생은
별 볼 일 있는 삶이에요

그 결과 놀랍게도 우울감이 높은 사람과 함께 있던 평범한 학생은
아주 우울한 성격으로 바뀌었고, 밝은 성격의 학생과 함께 있던
평범한 학생은 훨씬 더 밝은 성격으로 바뀌었다.

우리 주변에도 이런 사람들 한둘은 있기 마련이다.
지인 중 유난히 매사 불평이 많고 외출이 적으며
고립되다시피 생활하는 사람이 있다.
그녀는 웃음이 거의 없고 늘 세상일과는 담을 쌓고 살아가는 듯
온통 자기 자신에게만 몰두한다.
그녀는 늘 혼자다.
함께 시간을 보낸 후면
왠지 마음이 가라앉는 듯하여 기분이 썩 좋지 않음을 느꼈다.
이 또한 그녀의 정서에 영향을 받았기 때문이리라.

우울한 기운은 워낙 강해서 주변을 어둡고 무겁게 한다.
우울한 성향을 가진 사람들은
다른 사람들이 웃고 떠들며 행복해하는 모습에
부정적인 감정을 느낀다.
"뭐가 저리 좋아서 호들갑일까?"
"다 가식일 거야, 이해할 수 없어."
우울한 성향을 가진 사람들은 사실 내일에 대한 불안 때문에

오늘의 행복을 완전히 누릴 수가 없다.
하루하루 그렇게 채워지지 않음을 불평하며
우울함을 가지고 살아간다.

나보다 훨씬 더 괜찮은 듯 보여도,
나보다 훨씬 더 풍요로워 보여도,
그들은 항상 부족하고 항상 모자라다.
가진 것보다 가지지 못한 것에 영혼을 빼앗기고,
높은 곳에 오르지 못한 자신을 비하하며,
그렇게 애통해한다.

평범한 사람들은 이해하지 못할 그들만의 세상은
그들 자신을 구렁텅이로 내몰기도 하고
영원히 헤어 나올 수 없는 수렁으로 몸을 던지게도 한다.
그러나 정작 자기 자신의 우울감을 인정하지 않는다.
주변에 이런 사람이 있다면 함께한다는 것은 여간 어려운 일이 아니다.

내 인생은
별 볼 일 있는 삶이에요

잘 통하는 사람과 함께하기

어떤 사람이든 누군가에게 소중한 사람이 되고 싶어 한다.
그리고 필요한 사람이 되고 싶다고 생각한다.
그러나 사람마다 개인 취향이 있듯이 사람을 만나도
나와 유독 잘 통하는 사람이 따로 있다.
나와 같은 성향은 아니더라도
내가 가지지 못한 것을 시원하게 뚫어주는 사람,
용기없는 나에게 용기를 강요하기보단
용기 있게 행동하는 모습을 보여주는 사람,
심각한 말도 당황하지 않고 잘 들어주는 사람

만나면 기분이 좋아지고 에너지를 받아오는 느낌을 주는 사람이
좋은 사람이다.
매사에 성실하고 열정적이며 즐길 때 즐길 줄 아는 사람이 좋다.
나의 단점을 알되 장점을 더 많이 말해주는 사람이 좋다.
차 한 잔을 마셔도 함께 식사해도 부담스럽지 않은 사람
그런 사람이 있다는 건 큰 복이다.

주변을 둘러보자.
당신 주위에 이런 사람 하나쯤은 있을 것이다.

도저히 이해하려 들지 않고, 무시하고, 충고하고, 험담하고, 의심하는
이런 사람들과는 가능한 한 함께하지 말아야 한다.
이들은 대부분 모든 규정이 본인 중심이다.
자기가 정해놓은 규정에 따라 평가하기 때문에
다른 것을 인정하려 들지 않는다.

내가 조금 부족하더라도 나를 이해해주고, 인정해주고, 칭찬해주고
격려해주고, 응원해주고, 믿어주는 사람. 이런 사람과 함께하자.
이들은 사람의 다양성을 인정하고
모든 중심이 자기가 아닌 모두이며
서로 다름의 차이를 명확하게 인정할 줄 아는 사람들이다.
옳은 소리도 상대를 존중하고 인정하며
충분히 이해한다는 전제 안에 들어가야 한다.

내 인생은
별 볼 일 있는 삶이에요

하고 싶은 말과
꼭 해야 할 말

내가 아는 한 여성은 남편과 일찍이 사별하고
외아들과 단둘이 산다.
그녀는 60세의 나이에도 불구하고 평생 해왔던 일을 멈추지 않고
몸을 아끼지 않으며 가계를 꾸려나가느라 노심초사다.
40세가 다 된 아들은 안정된 직장을 갖지 못하고 결혼도 하지 않은 채
부모에게 용돈을 타 쓰는 처지였다.

그러던 어느 날 조그만 음식점 하나를 인수하여
아들은 비로소 직업이 생겼다.
하지만 본래의 여유롭고 나태한 습성은 여전했다.
그러다 보니 장사는 잘되지 않았고
겨우겨우 연명하며 살아가는 상황이다.

이를 알고 있는 사람들은 저마다 혀를 찼다.

"가게 문도 늦게 열고, 툭하면 쉬고, 그렇게 해서 가게가 원하는 만큼
성장할 수 있겠어?"
"어휴 곧 마흔이 넘어갈 텐데 그마저 잘 안되면 어쩐대?"
주변 사람들은 고생하는 엄마와 그 엄마만 믿고 태만한 아들을 보며
안타까운 마음에 한마디씩 했다.

그런데 이 말이 누군가로부터 새어나가 그 여성의 귀에 들어가고 말았다.
예상대로 한바탕 난리가 났다.
아무리 못난 자식도 부모에게는 소중한 자식이다.
자기 아들이 누군가의 입에 부정적으로 올려지는 것을
좋아할 사람은 아무도 없다.

주변 사람들은 그 모자의 상황을 보면서 많이 답답했을지도 모른다.
늘 보는 사람이고 그 상황을 옆에서 지켜보고 듣고 하니
그 사연을 훤히 알 테니 말이다.
나름대로 생각과 판단들이 있을 테니
보고만 있기엔 답답하고 뭐라 한마디 해주고 싶었을 게다.

그러나 정작 자신의 이야기라면 어떨까?

내 인생은
별 볼 일 있는 삶이에요

내 아들이, 혹은 내 딸이 늦도록 결혼도 못 하고 직업도 변변치 않으며
늙은 부모에게 용돈이나 타서 근근이 살아가고 있다면?
게으르고 나태하여 아무런 발전도 미래도 보이지 않는 상황인데
주변에서 그것을 탓하고 지적하고 충고한다면 말이다.
부모 입장에서 더 잘 알고 더 속상하고 답답할 일인데
상처에 못을 박는 행위나 다름없지 않을까?
하고 싶은 말을 못 하는 것은 엄청난 스트레스를 가중하는 일이다.
나와 연관된 이야기라면 하고 싶은 말은 해야 하는 게 맞다.
그러나 다른 사람들의 이야기라면 아무리 해주고 싶은 말이라도
꼭 해야 할 말이 아닌 이상 신중히 해야 한다.

듣기 싫은 말은 무시하기

인터넷에서 내 이름 석 자를 검색하면 나에 대한 독자들의 리뷰나
활동사항들을 쉽게 찾아볼 수 있다.
그런데 요즘 독자들은 그렇게 냉정하지만은 않은 것 같다.
아니 어쩌면 내가 철저하게 듣기 싫고 보기 싫은 것들을
외면했는지도 모른다.
혹시라도 상처받을지도 모른다는 생각 때문에
너무 깊이 알지 않으려는 보호 본능이라 할까!

연예계에서는 같은 사건이 줄줄이 이어져
매스컴을 뜨겁게 달구는 현상들이 줄곧 일어나곤 한다.
대부분이 자신에 대한 비판이나 비난 등 악플로 인한 상처를
견디지 못해 생겨나는 비극인데 이는,
내가 나를 믿지 못하고 타인의 평가나 반응에
지나치게 민감하기 때문이다.
이는 어제오늘의 일만은 아니며,
지금도 알게 모르게 공공연히 일어나고 있다.

연예인이 아닌 일반 사람들도 다른 사람들이
자신을 어떻게 보고 있는지에 대해 상당히 민감하다.

내 인생은
별 볼 일 있는 삶이에요

거기에는 이미 짜인 자기 각본이 있다.
그 각본대로라면 듣기 좋은 소리가 되겠지만
완전히 다르다면 그것은 충격이자 쇼크일 것이다.

누구나 자신의 이미지에 대해서 듣고 싶은 말이 있고,
자신의 성과물에 대해서 듣고 싶은 말이 있다.
그러나 누구나 그렇게 내가 듣고 싶은 말을
콕 집어서 해주는 것은 아니다.
유난스럽게 흠집을 잘 찾아내어 말하는 사람이 있는가 하면
실수를 교정해주려고 하는 사람도 있다.
내가 완벽하다고 생각하는 부분도 상대의 기준에선 달리 보일 수 있다.
그러므로 다른 사람의 평가에 그렇게 예민할 필요가 없다.

그들의 말이 사실과 다르거나 기분 나쁠지라도
그것은 그들이 보는 시선이므로 나와는 상관이 없다.
듣기 싫은 말을 곱씹어가며 새겨들을 필요가 없다.
상처받을 말이라면 애써 그것을 가슴에 담아 아파할 필요가 있을까?
그냥 무시하고 던져 버리자.
사람은 보는 눈도, 듣는 귀도, 감성도 모두 다르다.
평가 또한 다른 것은 당연하다.

내 인생은
별 볼 일 있는 삶이에요

제5장

내 삶을 위해
해야 할 것

01

행복하기 위해
애쓰지 않기

아리스토텔레스가 삶의 목표를 행복이라 규정한 후
사람들은 그것만이 삶의 완성이라 생각하고
행복하기 위해 자기만의 기준을 세워 버렸다.

존재하지 않는 기준을 세워두고
행복이 마치 눈에 보이고 손에 잡히는 것인 양
기준에 맞으면 행복하고 기준에 맞지 않으면
행복하지 않은 것으로 설정해 놓았다.

사람들은 행복해 보이기 위해 수많은 감정을 억압한다.
인간은 감정의 동물이다.
삶에서 감정은 우리와 함께 공존하는 하나의 원시적인

5 내 삶을 위해
해야 할 것

내 인생은
별 볼 일 있는 삶이에요

기본 감정으로 가장 사람다움을 나타내는 것과 같다.
행복이라는 감정을 가장 이상적인 삶의 모습이라 믿은 후
정작 고통과 절망, 상처와 분노 등의 감정은
수치스러움이 되어 버렸다.

마치 행복하지 않으면 인생의 패배자라도 된 듯하다.
삶이 불공평한 것 같아 우울감이 밀려들고, 화가 치밀어 오르지만
다른 사람들에게 실패한 자신의 삶을 들키고 싶지 않다.
그러다 보니 분노를 감추고 슬픔을 삼키며, 상처를 가리기에 급급하다.
그런다고 그 모든 감정이 사라져 버린다면 좋겠지만
억압된 감정들은 내면에 차곡차곡 쌓여 언제 어디서
폭발할지 아무도 모른다.

모든 사람이 행복할 수 있다면 얼마나 좋을까?
그러나 단 한 사람도 삶의 모든 부분에서 행복할 수 없다.
때로는 기쁘고, 때로는 슬프고, 때로는 아프고, 괴로운 감정들은
우리가 살아있다는 증거이다.

행복해 보이기 위해 애쓰는 것은 이제 그만하자.
슬플 때 슬퍼하고, 화날 땐 화를 내도 괜찮다.
단지 그 감정 안에 오래 머무르거나,

다른 사람에게 해를 입혀서는 안 된다.
해결할 수 있는 범위 안에서
내 감정에 충실한 것은 자신을 위한 최선의 배려이자 권리이다.

행복은 선택이지 목적이 되어서는 안 된다.
목적은 오로지 각자에게 주어진 '삶' 그 자체가 되어야 한다.

행복은 내가 선택하는 것

연애할 때 남성들은 사랑하는 여자에게 이렇게 말한다.
"평생 행복하게 해줄게", "영원히 너만 사랑할 거야."
웃기는 소리다. 누가 누굴 행복하게 해주는가?
행복은 스스로 느끼는 것이지,
누가 행복을 가져다주는 것이 아니다.

부모들은 자식들이 행복하길 바란다.
물론 바라는 마음은 당연하다.
그러나 바랄 수는 있어도 가져다주지는 못한다.
행복은 마음속에 있으므로 누군가가 대신할 수도
근접할 수도 없는 영역이다.

부모는 자식의 행복한 삶을 위해
열심히 일하고 원하는 것을 부족함 없이 채워준다.
명문대를 졸업하고 좋은 직장에 취직하고
좋은 배우자를 만나 결혼하길 간절히 바란다.
이 모든 것이 본인의 선택이라면 좋겠지만
만약 부모의 바람 즉, 욕심이라면
그것으로 과연 자녀들이 행복할 수 있을까?

행복은 오로지 나 자신만이 선택할 수 있다.
부모도 형제도 사랑하는 사람도 결국
각자의 행복을 추구하는 방향이 다르다.
누구도 침범할 수 없는 영역이다.

서로의 행복을 빌어주되
상대를 행복하게 해줄 수 있다는 착각은
이제 그만할 때이다.

02

지나간 것에
미련 두지 말기

사람의 온기가 없는 집이란
정말 삭막하기 그지없다.
그러나 이 생활이 익숙해지면
오히려 안정감을 느낀다.
우리 집은 이른 아침과 늦은 밤 이외에는 거의 비어 있다.
그 사이에 누구도 집안에 들어설 사람이 없다.
항상 휑하니 느껴지던 집안이
어느 휴일 아침 눈에 거슬리는 것으로 심기가 불편하다.
어제와 별다를 게 없는데 무엇이 문제일까?

그럴 때면 영락없이 집안을 한 바퀴 돌며
이곳저곳을 스캔한다.

밖에 보이는 것은 어제 쇼핑한 외투 두 벌과 스카프 두어 개가
전부인데, 아마도 이것이 마음의 짐이 되었던 것은 아닐까?

여느 집이나 마찬가지로 계절마다 의상을 정리하고 대청소를 하는 것은
집안의 연중행사일 것이다.
버림의 미학을 실천하기 위해 오래된 물건이며
안 쓰는 물건들을 정리하고 버리기에 미련을 두지 않았는데,
어느새 빈자리에는 또 다른 물건들로 빼곡하다.

옷장문을 열 때마다 한숨이 나온다.
한 번도 안 입은 옷이며,
언제 산 지도 기억 안 나고, 상표도 안 뗀 물건들도 여러 개다.
분명 맘에 들어 산 옷일 텐데 지금 와서 보니
영 별로다. 이놈의 쇼핑중독!

물건들을 정리하며 버리려고 하다 보니 아깝다.
이것을 어찌할꼬.
분명 입지 않을 것이 분명한데
어찌할까 망설이다 미적미적 다시 집어넣는다.
그리고 또 한숨이다.

비싸게 가격을 지불하고 옷장을 채운 후
그 물건을 돌아보지 않으면서 숨결조차 불어넣지 않는다.
이미 그 물건은 생명을 잃은 지 오래다.
죽은 생명으로 채워진 공간은 썩은 내로 진동한다.
어서 비워야 한다. 내 손이 타지 않고 내 시선이 머물지 않는 것에
미련을 두는 것은 어리석다.
이미 그것은 내 것이 아니기 때문이다.

우리 마음도 이와 같지 않을까?
욕망 하나를 비우면 또 다른 욕망이 자리를 비집고 들어와
빈틈을 채우고 또다시 비우면 그 빈틈을 채우기 위해 불편한 마음이
욕망과 짝할 그 무언가를 찾아 헤매는 마음.

오늘은 대청소를 하기 위해 마음을 단단히 먹어보자.
오래되고 케케묵은 구습과
썩을 대로 썩어 냄새가 진동하는 미움의 감정과
삶을 어둡게 만드는 불필요한 욕망과
지우고 싶지만 지워지지 않는 지난날의 어두운 기억들
이 모든 것들을 쓸어 모아 완전히 비워내야 한다.

내 마음의 빗장을 활짝 열고

내 인생은
별 볼 일 있는 삶이에요

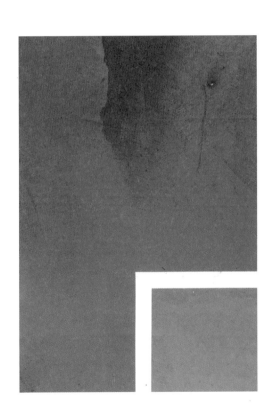

5 내 삶을 위해
해야 할 것

181

버릴 것은 버리고 말끔히 정돈된 마음을 바라보자.
남은 흔적들마저 깨끗이 닦아낸 후 쾌청한 마음을 느껴보자.
자 지금부터 다시 시작이다.

비워야 채워지는 것

십여 년 전 전액 장학금을 받고 해외 유학의 길에 오를 기회가 주어졌다.
그때만 해도 아이들은 어렸었고 더군다나 막내 아이는
초등학교 저학년에 불과했다.
어린 세 아이를 두고 해외 유학을 가는 건
정말 웬만한 결심이 아니고선 상상도 하지 못할 일이었다.
결국, 난 기회를 포기해야 했으며, 다른 직장을 찾아야 했다.

그 후론 다시는 그러한 기회가 주어지지 않았다.
그때 차순위로 해외 유학길에 오른 사람은 귀국한 이후
상당한 입지를 굳히면서 성공의 반열에 올랐다.
만일 내가 그때 그 기회를 박차지 않았다면 어떻게 되었을까?

이러한 생각은 내게 아주 오랫동안 아쉬움으로 남아있었다.
그러나 이미 지나간 것을 자꾸만 돌이키면 무엇하랴.

속만 상할 뿐 내 삶에 어떠한 도움도 되지 않는다.

미련은 빨리 떨어내는 것이 좋다.

어차피 내 것이 아니라면 더 이상 그로 인해

마음 상하는 일은 없어야 한다.

연연해 봤자 지나간 것은 돌아오지 않는다.

살다 보면 마음에만 품고 있던 기적 같은 기회가

갑자기 찾아오는 날도 있다.

아무것도 준비되지 않은 상황에서 그 기회를 잡는다는 건

큰 혼란을 주는 것은 물론 올바른 선택인지조차 가름할 수 없게 한다.

그로 인해 우리는 무언가를 깨닫는다.

그것은 기회란 준비된 자에게 주어진다는 것이다.

지나간 것에 연연하느라 아까운 시간을 허비하는 것은

애꿎은 시간만 낭비할 뿐이다.

언젠가 갑자기 찾아올 기회를 반갑게 맞이하기 위해

우리는 그에 맞는 환경과 형편을 구상해 놓아야 한다.

03

나만의 삶의 방식을
존중하기

예전에 내가 직장생활에서 실패한 것은
늘 같은 일을 반복하는 것을 못 견디는 성향 때문이었다.
매번 같은 일을 하다 보면 마치 머리가 녹이 슬어
뇌세포가 하나하나 죽어 나가는 느낌이 들곤 했다.

내게 전혀 맞지 않는 일을 하는데 그것을 참아내는 것조차
싫었으니 속 모르는 사람들은 나를 배부르고 등 따스워 투정 부리는
철없는 사람이라 말할 것이다.
그러나 나는 창의적이고 창조적인 일에서 두각을 나타냈다.
가족들은 직장생활에 실패한 나를 여전히 신뢰하지 않았으나
나는 당당하게 성공함으로써
나만의 삶의 방식이 틀리지 않았음을 증명해 보였다.

같은 일이라도 어떤 사람에게는
아주 즐거운 일이 될 수 있고
어떤 사람에게는 아주 재미없고 무가치한
일이 될 수 있다.
어느 누가 잘못된 것도 아니며,
부족하거나 무능한 것도 아니다.

우리는 자기 자신을 가장 먼저 이해해야 한다.
있는 그대로의 모습과 생각들을 받아들이고
자신의 삶을 어떻게 살아갈지 신중하게 구상해 보자.
다른 사람들의 눈에 어리석고 무모해 보일지라도
그것은 그들의 시선으로만 바라본 것일 뿐
중요한 건 '나' 자신이다.
사람은 스스로 삶을 직접 지휘할 권리가 있다.

내가 가장 행복할 때

나는 한때 늘 비합리적인 생각을 하면서
자신을 괴롭히며 우울하게 살았던 날들이 있었다.
전업주부 십 년쯤 되었을 때는 거의 패닉 상태까지 가서

삶의 의욕은 물론 극단적인 선택을 하기까지 이르렀다.

어느 날 수첩을 끄적거리다가
나도 모르게 써놓은 단어들을 보았다.
그 내용은 다음과 같다.
"이렇게 살기 싫다."
"답답하다."
"미래가 두렵다."
"불안하다."

내 인생은
별 볼 일 있는 삶이에요

온통 비합리적인 생각으로 빼곡하게 적힌
수첩을 보면서 내가 왜 이렇게 극단적인 생각들로
나를 괴롭혔는지 자신을 돌아보게 되었다.

사실 고민하고 걱정한다고 해서 달라질 수 있는 상황이라면
얼마든지 고민할 필요가 있다.
그러나 아무런 희망을 느끼지 못하고, 낙심한 상태에서
신세만 한탄하느라 세월을 보낸다는 것은
자신은 물론 주변의 사람들까지 좋지 않은 영향을 준다.

나는 당시 비합리적인 생각으로 가득 채웠던 감정들을 다독이며
스스로 질문을 던졌다.
"그런 생각들이 내 삶에 어떤 도움을 줄까?"
"그런다고 내 삶이 달라질 수 있을까?"
"넌 어떻게 살고 싶니?"
"내가 하고 싶은 일은 무엇이지?"
"내가 가장 행복한 때는 언제지?"

그렇게 내게 던진 질문들을 모아 기록해 놓고 보니
그동안 내가 힘들었던 이유를 구체적으로 이해할 수 있었다.
그리고 하나씩 원하는 삶 쪽으로 방향을 전환했다.

사람들은 누구나 행복을 꿈꾼다.

그러나 행복을 위해 자신이 어떻게 해야 하는지에는
관심조차 없다.

마치 행복은 자신과는 아주 먼 남의 얘기처럼 말이다.

행복해지고 싶다면 그 행복에 관심을 가져야 한다.

내가 가장 행복한 때는 언제인가?

그냥 자신을 이해하고 아는 것만이 아니다.

무엇이든 거저 주어지는 것은 없다.

연구하고, 행동하고, 팔을 뻗어 손에 쥐어야 한다.

행복은 어느 날 갑자기 뚝 떨어지지 않는다.

불필요한 생각에서
자유로워지기

다른 사람들과의 관계에서 일어나는 갈등에 매이지 않고
마음의 평화를 잘 유지하는 사람들이 있다.
그들은 자신이 원하지 않는 상황을 기피하고
원치 않는 정보들을 분별하는 능력이 있다.

즉, 감정을 건드리고 뒤흔드는 상황에 맞서지 않고
마음의 평화를 선택한다.
대부분 자신의 감정을 위협하고 마음을 괴롭히는 상황에서
분노하고 흥분하는 것은 어쩌면 당연할지도 모른다.
그러나 그에 맞선다면 분위기는 험악해지고
복잡한 갈등을 일으키게 된다.
결국 타협은 없고 해결되지 않는 감정의 기복만 심해질 뿐이다.

인간의 뇌에는 이성적 판단을 조절하는 전두엽과
감정을 담당하는 편도체가 있다.

감정적 대립이 일어났을 때 편도체가 강하게 활성화되면서
격한 반응을 일으키는데, 이에 전두엽의 이성적 판단이
편도체를 조절해 주면서 감정을 다스리게 되는 것이다.
전두엽의 고장으로 편도체의 활성화를 제지해 주지 못한다면
극한 감정대립이 일어나 뜻하지 않은 사건 사고가 발생할 수 있다.

원치 않는 정보를 분별하는 능력은
감정의 대부분을 담당하는 편도체에 집중되어 있던 주의를
전두엽이 다스리는 것을 말한다.
분별하는 능력은 주의를 조절하여
자신이 원하는 방향으로 집중하는 것이다.
또한 원치 않는 것들을 차단해 내는 능력을 말한다.

나와는 전혀 다른 생각을 말하는 사람을 상대로 맞서는 것은
현명하지 않다.
"저 사람은 저렇게 생각하는구나!"
"저것은 단순히 자기 생각일 뿐이지 정답이 될 수는 없어."
서로의 생각이 다를 뿐이라는 것을 스스로 인정한다면

내 인생은
별 볼 일 있는 삶이에요

사실 그리 어려운 것은 아니다.

사람들은 자신과 다른 생각을 말하는 사람들을 대할 때
자기 생각을 주입하고자 하는 오류를 범한다.
즉, '내 생각이 옳고 네 생각은 틀렸어'라고
인식시켜주고 싶은 마음이다.
서로 같은 생각이므로 서로 옳다 주장함은 결국 아무런 소득 없이
감정대립의 결과를 맞게 될 뿐이다.

우리는 원하는 것에 집중함으로써
불필요한 정보들을 분별하는 능력을 갖춰야 한다.
가장 필요한 것은 내 마음이다.
내 마음의 평화를 위해 주변의 잡음들을 걸러내는 능력은
자신을 지키고 인간관계를 보다 유연하게
유지하는 비결이기도 하다.

잡념에서 벗어나기

위에서 말한 분별하는 능력이란
사실 자기 통제나 의지와 연관이 깊다.

내 인생은
별 볼 일 있는 삶이에요

체중을 감량하기 위하여 프로그램을 짜고
이를 위한 노력과 함께 방해하는 유혹들을 무시해야 하는 것처럼,
유혹에 대한 생각에 머물지 말고
오로지 체중감량에만 집중해야 한다.
집중해야 할 대상에서 제외된 다른 생각들을
흔히 잡념이라고 명명한다.
쓸데없는 잡념으로 인하여
원하는 것을 이루지 못 하는 일은 그야말로 엄청난 손해다.

우리의 삶도 이와 같다.
우리가 행복하려면 행복을 방해하는 요인들을
먼저 분별할 수 있어야 한다.
지금 행복하다 하면서 그 행복을 지키기 위해 노력하는 것은
참된 행복이 아니다.
행복하려면 오직 행복한 상태에 집중해야 한다.
행복을 방해하는 요인들
즉, "일이 잘 안되면 어쩌지?"
"실패하면 어쩌지?"
"누군가 나의 행복을 빼앗아 가면 어쩌지?"
이런 온통 부정적인 생각으로는 결코 행복할 수 없다.

『영혼을 위한 닭고기 수프』의 저자 마시 시모프(Marci Shimoff)의 책

『이유 없이 행복하라』에 실린 내용을 보면

"사람은 하루에 6만 가지가 넘는 생각을 하는데

그중 95%는 어제, 아니면 그 전날 했던 생각과 똑같은 생각이며

그중 80%인 4만 5천 가지 생각이 부정적인 생각이다"라고 말했다.

즉, 대부분의 사람들이 종일 생각하는 것의 80%가

쓸데없는 생각이다.

결국, 우리는 행복해야 할 순간들을

부정적인 생각으로 가득 채우고 살아간다.

그를 방해하는 요인들을 생각하느라 과도한 에너지를 낭비하다 보니

우리 삶은 더욱 힘들고 처절한 것이다.

행복해지고 싶다면 원하는 삶에 집중하자.

오직 원하는 방향에서 내 삶에 필요한 것들을 얻어낼 수 있다.

내 인생은
별 볼 일 있는 삶이에요

완벽하지 않은 것을
인정하기

젊은 시절 내 삶이 암울했던 날들은
내가 누구인지, 내가 어떤 사람인지 이해하지 못해서
빚어진 것이다.
내가 나를 돌아보고 충분히 이해한 후
난 내 삶의 즐거움을 위해 많은 시간을 보냈다.
그러자 유난히도 하늘은 맑았고 햇살은 눈부셨다.

안 하던 운동을 하고 긍정적인 삶을 위해
다양하고 새로운 세상을 탐험했다.
한동안 접어두었던 독서를 하고,
추구하던 학문을 넓히기 위해 대학원에 입학했다.
내가 원하는 삶을 살기 위해 할 수 있는 것들을

하나씩 해 나가면서 주변 사람들의 시선과 통념 따위는
내게 아무런 문제가 되지 않았다.

그런데 가끔 부정적인 생각이 들었다.
"이 나이에 내가 무엇을 할 수 있을까?"
그 당시 고작 서른 초반이었다.
지금 그 나이라면 아직 젊은 청춘이라 하겠지만,
그때만 해도 결코 적은 나이라 볼 수 없었다.
그러한 생각이 자꾸만 내 앞을 가로막자,
막연하게 현실에 충실한 삶이 과연 잘 살아가는 것인지
내게 끊임없는 갈증만 불러일으킬 뿐
아무런 만족도 가져다주지 못했다.
나는 다시 원점으로 돌아와 내가 할 수 있는 일을 찾기 시작했다.

내가 원하는 일은 사회 속에서 나의 가치를 실현하는 것이었다.
내가 가진 강점을 사용하여 세상에서 작은 영향력을 끼치는 일.
그 일을 위해 참으로 많은 시간을 공들였다.
그리고 다른 사람보다 앞서가려 하지 않고 함께 가고자 하는
나 자신에게 늘 당부했다.
때로는 한발 뒤처지더라도 조급해하지 않기로.

내 인생은
별 볼 일 있는 삶이에요

그러나 가끔 조급한 마음이 고개를 삐죽 내민다.

지금 이대로 괜찮은 것일까?

난, 그런 나를 다독인다.

"조금 뒤처지더라도 조급해하지 마. 네 속도에 맞춰 가면 돼."

"결국 인생에 완벽한 사람은 없어."

규정할 수 없는 한계

영화 매트릭스에 이런 대사가 나온다.

'길을 아는 것과 그 길을 걷는 것은 분명히 다르다.'

우리가 받아들여야 할 점은

우리가 아는 것은 생각보다 별거 아닐 수도 있고

훨씬 더 어렵고 험난할 수도 있다는 것이다.

우리가 생각하고 계획한 것이 너무 무모하고 헛되어

불필요한 에너지를 소비하는 것은 아닌가 생각될 때가 분명 있다.

그것은 곧 내 삶이

그로 인하여 변화될 가능성이 있는지, 없는지에 직결된다.

대부분 사람들은 꿈을 크게 가지라고 말한다.

그것은 맞는 말이다. 꿈을 가지는 것은 자유이며,

그 꿈의 크기를 정하는 것도 자유다.

그러나 꿈이란 한 번에 이루기에는 너무도 벅차다.

꿈을 크게 갖되, 꿈으로 다가가는 데 필요한 각 단계를 설계해야 한다.

하나씩 성취해 나가는 과정에서 더 다양한 지식과 정보를 얻고

새로운 길을 발견할 수도 있다.

더 큰 수확은 미처 몰랐던 자신을 발견할 수도 있다는 것이다.

사람에 따라 한계점이 최선인 경우도 있다.

자신의 한계점이 어디쯤인지 아는 것은 중요하다.

자신의 한계를 안다는 것은 자신의 분수를 아는 것과 같다.

여기서 말하는 분수는 자신의 기질과 능력, 장단점, 강점들을 고려하여

상황을 분별하는 능력을 말한다.

인생에서 도전할 것과 포기할 것을 분별하고 가능한 것에 몰입하여

도전할 수 있는 인지능력은 불필요한 시간과 에너지의 소비를

효율적으로 줄여준다.

그것은 비겁하거나 나약한 것과는 다르다.

이러한 분별의 지혜는 사람의 마음을 좀 더 여유롭게 해주고

상황을 더 자유롭고 분명하게 해준다.

세상에는 내가 할 수 있는 일과

하지 못 하는 일이 분명 나누어져 있다.

꿈을 꾸는 것은 자기 영역이다.

그러나 꿈을 이루는 것은 자신을 포함한 세상 전체의 영역이다.

나의 한계점에 좌절하고 낙심하며 세상의 부조리를 탓할 시간에

한계점을 높이는 일에 전념한다면

아마도 그 한계점은 조금 더 높아질 것이다.

그러나 나의 한계점이 닿을 수 없다면

인정하고 받아들이는 것이 더욱 합리적이다.

내 인생은
별 볼 일 있는 삶이에요

제6장

나를 위한 최소한의
권리를 지킬 것

고통과 괴로움도
삶의 한 조각일 뿐

밤은 위험과 절망, 어둠과 고통을 상징한다.

예전에 내담자 중 불면증에 시달리던 한 여성이 찾아와 내게 호소했다.

"저는 잠든 사이 무슨 일이 생길 것 같아 잠들기가 불안해요."

긍정적인 사람과 부정적인 사람 중에서

긍정적인 사람이 삶에서 부정적인 상황을 먼저 감지하고

이미 지나갔음을 알아차린다고 한다.

부정적인 사람은 같은 상황을 판단할 때 더 나쁜 쪽으로 몰아가고

부정적인 상황에 몰입하므로 불안이 가중된다.

그에 반해 긍정적인 사람은 문제를 낙관적으로 해석하기 때문에

좀 더 열린 마음으로 문제를 바라본다.

그래서 문제의 발단이나 해결 등 과정을 그대로 관찰하고

그 변화도 알아차린다.

인지 치료 중에 수용전념치료가 있다.
이것은 불안, 걱정, 분노 등의 부정적 상황을
극복하는 방법을 제시하는 치료기법이다.

그중 하나가 생각과 감정을 받아들이는 것이다.
내면에서 일어나는 감정이나 생각, 느낌과 반응 등을 경험하고
자신의 상태 그대로를 받아들이는 것인데,
이는 어디서부터 어떻게 생겨난 감정인지를 되돌려 생각해내는
방법이기도 하다.

예를 들어 중요한 물건을 손에 들고 다니다가
어느 순간 놓쳐버려 당황했다면,
우리는 어떤 감정을 갖게 될까?
잃어버렸다는 충격과 함께 어디서 잃어버렸는지를 생각하고
예상되는 곳을 달려가 정신없이 찾아 헤맬 것이다.
이곳저곳을 다 헤집어 봤지만 결국 찾지 못하고 낙심할 때
화장대 서랍 속에서 얌전히 들어있는 물건을 보았다.
안도의 한숨과 함께 호들갑을 떨어대며
헤매던 자신의 모습이 우스웠던 순간들

누구나 한 번쯤은 해본 경험 아니던가.

잠자는 사이 무슨 일이 생길까 노심초사하는 마음은
일어나지도 않은 일을 두고 일어날 수도 있다는 생각만으로
마음을 어지럽힐 뿐이다.
별거 아닌 일이 별 게 되는 것은
상황을 전체적으로 폭넓게 보지 못하고
아주 드물게 나타나는 부정적 상황을 끌어들여
자신의 삶을 파괴하는 것이다.
일어나지도 않은 문제를 끌어안고 행복해야 할 시간을
방해하는 것들에 굴복하는 삶에서 이제는 벗어나야 한다.

부정적인 상황에 머물지 말기

삶의 경험 중 고통과 절망은
누구나 피해 가고 싶어 한다.
그러나 그러한 일들을 경험한다는 것은
현실의 한 조각을 완성했다는 의미가 되기도 한다.
좋지 않은 상황을 부정하거나
피해 가려는 사람은 사실을 이해하기보다

내 인생은
별 볼 일 있는 삶이에요

자기 연민에 빠질 우려가 있다.
자신은 늘 피해만 보는 사람이라는 생각으로
누군가 자신의 상황을 해결해주기를 기대한다.

낙관적인 사람들은 그 상황을 관찰한다.
그들은 능동적이고 자발적으로 일을 해결할 방안을 모색한다.
그래서 어려움을 극복해낸다는 신념과 용기로
걱정, 불안, 분노 등의 감정을 조절한다.

부정적인 상황은 그 상황 속에서 머무를 때 더 강하게 발생한다.
문제만 보고 원인과 상황 등을 파악하지 못하는 것은
더 큰 어려움을 초래할 수 있다.
살다 보면 이와 같은 어려움은 늘 삶의 길목마다 자리하지만
언제까지 이러한 장애들을 피해 갈 수는 없다.

때로는 뛰어넘어야 할 때가 있고, 때로는 피해 가야 할 때가 있다.
때로는 짚고 가야 할 때가 있고, 때로는 타협해야 할 때가 있다.
넘어봐야 그 특성을 알게 되고
경험해 봐야 지나갈 방법을 터득하게 된다.
눈앞에 닥친 부정적 상황을 피해 가는 것만이 능사는 아니다.

그렇게 삶은 우리에게 다양한 상황들을 경험하게 한다.
좋은 상황이든 나쁜 상황이든
버릴 것은 하나도 없다.
기뻐할 일만 있고, 아파할 일이 없다는 건
불균형의 조화를 이루는 것이다.
그런 삶은 있을 수도 없지만 있다 하더라도 결코
자신에게 좋은 것만은 아니다.

그것이 무엇이든 우리의 삶을 완성하는
결정체의 한 조각일 뿐이다.
그 조각 하나로 빚어진 감정만큼 쓰디쓴 연단의 과정을 거쳐
내 삶은 더욱 견고해지고, 아름다워지며, 더 여유로워진다.
고통과 괴로움 자체를 인정하며 수용하는 삶은
곧 삶의 특성을 이해하고 받아들임과 같다.
삶이 훨씬 자유로워질 것이다.

내 인생은
별 볼 일 있는 삶이에요

02
고착된 습성을
인정하는 마음

언젠가 한 다큐멘터리에서 운전경력에 상관없이
운전자들을 모아 실험을 했다.
이동하려는 쪽의 반대로 방향지시등을 켜는 실험이었다.
당연히 왼쪽으로 이동하려면 오른쪽 방향등을 켜고,
오른쪽으로 가려면 왼쪽 방향등을 켜면 된다.
그런데 결과는 운전경력이 극히 짧은 사람들이 높은 성공률을 보였다.
실제로 면허 학원에서 근무하는 전문강사들이 증언하기를
택시 운전경력 20년 이상된 사람들이 다시 운전 시험을 볼 때
일반 초보 운전자들보다 탈락률이 더 높았다고 말한다.
반복된 습관을 바꾼다는 것은 그것을 비록 의식적으로 시행한다고 해도
몸에 밴 습관을 바꾸기는 어렵다는 것이 증명되었다.

사람마다 오래된 생활 습성들이 있다.
보통 사람들이 갈등을 일으키는 한 요인이기도 하다.
그러나 그것은 우리가 아주 어릴 적
부모에게 받았거나, 환경에 지배받아온 것이다.
또한 개인의 성향이나, 반복된 학습경험에서
자리매김하기도 한다.
이러한 것들로 사람과 사람 간의 마찰이 일어나고
갈등을 일으키는 주범이 된다.

대부분 갈등은 서로에 대해 이해하지 못함으로써 발생한다.
같은 국적을 가지고 같은 문화 속에서 살아가더라도
인생의 삼 분의 일은 서로 다른 환경 속에서 자라왔다.
다른 가정, 다른 문화, 다른 환경, 다른 교육을 접하면서
같은 마음을 품고, 같은 생각을 한다는 것은 절대 쉽지 않다.
자기 자신도 인식하지 못하는 사이에 우리는 많은 것들을
가정, 사회, 문화에서 그 자양분을 빨아먹고 흡수하는 것이다.
한 가정에서 자라난 형제들도 모두가 다르다.
이는 주어진 환경을 어떻게 바라보고
어떻게 받아들이느냐의 개별적인 성향 차이에서 나타난다.
나와 다른 부분을 이해하지 못한다면
그 관계는 힘들어질 수밖에 없다.

내 인생은
별 볼 일 있는 삶이에요

어느 신혼부부 집에 시어머니가 방문했다.

며느리가 설거지한 후 그릇을 항상 바로 놓는 것을 보며 말했다.

"그릇을 엎어 놓아야 물기가 빠지는데 왜 바로 놓는 거지?"

며느리는 "이렇게 바로 놓아야 건조가 빨리 되잖아요"라고 말했다.

또 어느 날은 프라이팬과 냄비를 씻어

가스레인지 위에 올려두는 모습을 보고

시어머니는 말했다.

"씻었으면 제자리에 두어야지. 왜 가스레인지 위에 두는 거니?"

며느리는 말했다.

"거기가 제자린데요."

거지는 거지의 옷이 가장 편안하다.

거지에게 왕관을 씌우고 곤룡포를 입힌다 한들 불편하여

마다할 것이 분명하다.

상대를 위하려면 그가 가장 편하다고

여기는 것을 바라봐 주어야 한다.

몸이 먼저 기억하는 것

　　야설 중에 신라의 김유신이 즐겨 다니던 기생집이 있었다.

천관이라는 기녀와 사랑에 빠진 김유신은 매일 말을 타고

기생집에서 향락을 즐겼는데

이것을 알게 된 부모의 책망은 너무나도 컸다.

그로 인해 김유신은 기생집과의 인연을 끊기로 다짐하게 된다.

그러던 어느 날 시간이 흘러 김유신은 잔칫집에서 술에 취한 채

집으로 가기 위해 말 위에 올랐다.

그런데 말이 발걸음을 멈춘 곳은 바로

천관이 운영하는 기생집이었다고 한다.

이것은 사람이나 동물이나 반복적인 패턴에 의해

자동적인 시스템으로 작동한다는 것을 예로 보여준다.

특정 행동을 반복적으로 강화하고 심화시키는 것은

원칙이 되고 기준이 되기도 한다.

어쩌면 이것은 복잡한 일상에서 만들어낸 자기만의 키워드와 같은

역할을 한다고 볼 수도 있다.

이는 복잡한 선택의 혼란을 뛰어넘고

에너지를 최소화하여 원동력을 최상으로

끌어올리기도 하는데,

이것은 우리가 전문가를 높이 평가하는 이유이다.

그러나 반복된 습관은

통제가 안 될 시 여러 가지 문제점들이 발생한다.
기존의 방식에서 새로운 방식으로 전환해야 할 때
기존의 몸에 밴 습성들은 새로운 방식을 습득함에
많은 어려움을 준다.
세상이 변하고 문화가 달라졌지만 가장 오랫동안 변하지 않는 게
사람인 이유가 거기에 있다.

한 사람을 변화시키기 위해서는 막대한 에너지가 소비된다.
아주 오래된 습성들을 인정은 하되
변화를 받아들이는 것에 회로를 연결할 필요성이 간절하다.
오래된 구습을 버리기는 그리 쉽지 않다.
기성세대들에게 구습을 인정하고 세습을 받아들이기를 바라는 것은
젊은 사람들의 이기심일 수도 있다.
물론 노력은 필요하지만 말이다.

인생은 백 년의 시차를 두고 운행한다.
누군가는 승차하고, 누군가는 하차하는 것처럼
새로움을 익히는 것도, 오래된 습성들을 이해하는 것도
서로 함께 풀어나가야 할 숙제이자 과제다.

내 인생은
별 볼 일 있는 삶이에요

03

허점투성이라도
그 모습마저 사랑할 것

어른들도 참 유치할 때가 많다.

별거 아닌 일로 예민하게 반응하는 것도,

듣기 싫은 소리 하는 사람에게 감정적으로 반응하는 것도,

남의 일에 시시콜콜 신경 쓰는 것도,

또는 자신과 상관없는 사람의 사생활이

수다거리가 되어 몇 시간을 소비하기도 한다.

어느 날 애매한 관계인 사람들과 한자리에 앉아 저녁 식사를 했다.

물론 모두 여성이었다.

자리에 앉자마자 시작된 대화는

어느 누구?의 이야기였다.

정확히 알지도 못하는 정보와

근거 없는 추측으로 난무한 내용에 살짝 불쾌감이 들었다.

나 또한 잘 알지 못하는 이야기라 잠자코 듣기만 했지만
그들의 이야기를 다 믿는 것은 아니었다.
시간을 보내면서 나는 생각했다.
'사람들이 남의 일에 참 호기심이 많구나!'
관심과 호기심은 다르다.
사람들은 남의 일에 관심은 별로 없다. 호기심만 있을 뿐이다.
그 호기심을 충족시키기 위해 삼삼오오 몰려다니며
괜한 사람 하나 물고 늘어지는 꼴이란
정말 부끄러운 어른의 모습이 아닐 수 없다.

관심은 조용히 이루어진다.
거기엔 선의가 담겨 있다.
그래서 사람들은 관심이라는 명목 아래 호기심을 충족하려 한다.
어른답게 사는 게 왜 그리 어려운 일일까?
오히려 어른다움이 이상한 사람이 되는 형국이니
남들의 호기심을 충족시켜줄 '거리'가 될까 두려워
어른스러움을 감추는 것은 아닐까?

사람에게는 자신만의 삶을 자유롭게 살아갈 권리가 있다.

그들의 삶을 운운하며 자신의 잣대를 들이대는 것은
존중하고는 거리가 멀다.
누구도 타인의 삶을 간섭하거나 모욕할 권리는 없다.
자신과 다르다 하여 잘못 사는 것은 아니다.
사람은 저마다 자신만의 방식으로 삶을 대한다.
그들이 어디서 무엇을 하며 어떻게 살아가든
그것은 그 사람의 세계다.
타인의 삶을 간섭하느라 자신의 삶을 돌아보지 못하는
어리석음은 범하지 말아야 한다.

내 인생은
별 볼 일 있는 삶이에요

완벽한 삶은 어디에도 없다

사람들은 내게 말한다.
"선생님도 힘들 때가 있어요?"
"늘 에너지가 넘쳐 보이어서 힘들다는 말이 와닿지 않아요."
나는 사람들 앞에서 당당하고 자신 있게 말하는 타입이다.
그러나 그것은 내가 그런 성향의 사람인 것이지 결코 내 삶이
똑같이 흘러가지 않는다는 사실을 그들은 짐작하지 못한다.

내 삶은 허점투성이다.
결코 남보다 뛰어난 삶을 살고 있지 않다.
다른 사람들처럼 걱정과 고민, 갈등도 생긴다.
조금 다른 점은 그 상황을 인정하고 받아들이되 오랫동안
그 상황에 머물지 않는다는 것이다.

사람들은 흔히 겉으로 보이는 모습만 보고
그 사람의 전부를 판단하는 오류를 범한다.
내게도 부모님의 속을 썩이며 심하게 방황하던 청소년 시절,
사랑에 목숨 걸고 그를 위해 내 전부를 올인하던 시절,
직장에서 안정을 찾지 못해 배회하던 시절이 있었다.
결혼 후 성격 차이로 갈등하며 파탄에 이를 지경을 경험하기도 했고

마치 삶에서 실패한 것과 같은 심정으로 암울했던 때도 있었다.
어쩌면 다른 사람들의 삶보다 더 힘들고 험했다고 해도
하나도 과함이 없을 것이다.

이런 경험들을 이야기하면 모두 상상이 안 간다고 말한다.
내가 그러하듯 다른 사람들의 삶도 알 수 없다.
내가 힘들고 어려운 고통의 순간들이 여러 번 있었듯이
그들의 삶 나름대로 그런 순간들이 있었을 것이다.
사람마다 견뎌내는 무게의 정도가 다르므로
이를 측정하기란 불가능하다.

나의 삶에 비해 견줄 수 없는 가벼운 정도라 해도
그 사람에게는 견딜 수 없는 고통일 수 있다.
크건 작건 모든 사람의 삶은 평탄하지도 험준하지도 않다.
그것을 느끼는 정도에 따라 다를 뿐
누구도 완벽한 삶을 살고 있지 않음은 틀림없다.

내 인생은
별 볼 일 있는 삶이에요

04

평범함 속에서
행복 찾기

창밖을 내다보면 나뭇가지 사이에 걸린 달덩이가
늘 내 방 창 앞에서 나를 지켜 준다고 생각했던 때가 있었다.
버스를 타고 달리다 하늘을 보면 뭉게구름 속에 요정들이
언제나 나를 따라온다고 생각했던 시절이 있었다.
그러한 과대망상은 이미 청소년기에 사라졌지만
적어도 나는 특별한 사람으로서
무언가 남다른 삶을 살 수 있을 거라는 생각은
그 후로도 아주 오랫동안 이어졌다.

그러나 현실은 내게 특별함을 허락하지 않았다.
나를 지극히도 평범한 어른으로 만들었고
남보다 화려하거나 삶에서 누릴 모든 자유를 허락하지도 않았다.

값비싼 명품을 좋아했지만 원하는 대로 가질 수 없었고,
모두가 추구하는 이상적인 가정을 꿈꾸기도 했지만
그 이상의 기준이 어디인지 잘 알지 못했다.
평범함 속에서 행복을 추구하는 것은
아마도 모든 어른이 풀어야 할 숙제인지도 모르겠다.

내가 원하는 건 나의 성공으로 인하여
사람들이 부러워하고 시기하는 것이 아니며,
다른 사람들이 인정하고 존경하는
선망의 대상이 되는 것도 아니다.
내가 원하는 것은 내가 하고 싶은 일을 하며
다른 사람들과 함께 성장하고 또한 성장을 돕는 일이다.

가끔은 자기계발 모임에서 한 단계씩 성장하는 이들의 모습을 보면
가슴이 벅차오름을 느낀다.
나를 능가하여 내 위에 설지도 모른다는 생각에
가끔 위협을 느끼기도 하지만
적어도 내가 행사한 선한 영향력의 결과를 눈앞에서 확인할 때는
삶에서 이보다 더한 전율감은 없을 것 같다는 생각이 든다.

평범함 속에서 얻어낸 수확은 더할 나위 없이 기쁘고 즐겁다.

내가 그 무엇이 되지 않더라도
내가 누군가를 세우기 위해 영향력을 발휘할 수 있다는 것에 감사한다.
그것은 그 무언가를 이룬 것보다 더 큰 기쁨이 되어
내게 돌아온다.
행복은 그 특징을 아는 자만이 누릴 수 있다.
내가 가장 행복한 때를 아는 것,
평범함 속에서 행복 찾기는 바로 그때를 아는 것이다.

평가의 기준은 내가 만드는 것

십여 년 동안 혹독한 훈련 기간을 거쳐 지금에 이른 나를 두고
그 이전에 나를 알던 사람들은 왈가왈부 말들이 많았다.
"어떻게 사람이 저렇게 달라지지?"
평범한 전업주부였던 내가 어느 날 커리어 우먼으로 변신하여
사람들을 놀라게 한 것은 어제오늘의 이야기가 아니다.
사실은 그동안 엄청난 노력과 피땀 흘려 이뤄낸 결과물이다.
사람들은 절대로 나를 이해할 수 없을 것이다.

나는 하루 네 시간 반의 수면을 유지했다.
일하는 시간과 공부하는 시간, 그리고 독서와 훈련을 거듭했으며

끊임없는 자기계발로 하루 20시간을 공들였다.

그런 세월이 자그마치 15년이다.

덕분에 학위를 여섯 개나 취득했고, 전국을 다니며 내공을 전파하고

하고 싶은 일들을 함으로써 비교적 행복한 삶을 살고 있다.

사람들은 하루 독서량을 센다는 것을 상상하지 못한다.

그러나 나는 많게는 하루 세 권의 책도 정독할 만큼 독서광이다.

사람들은 모든 사람을 통틀어 자기 자신에게 빗대어 평가한다.

예를 들어 자신이 책 한 권을 아무리 열심히 읽어도

일주일 이상이 걸린다면

하루 한 권 이상의 책을 읽는다는 사람을 이해하지 못할뿐더러

말도 안 되는 일이라 치부한다.

다시 말하지만 나는 하루 네 시간 반을 자고 하루 중 회사에 다니면서

적게는 한 권, 많게는 세 권의 책을 읽었다.

어떤 방식으로 살아가든 저마다의 삶은 존중받아 마땅하다.

자신과 다르다 하여 자기 방식대로

사람을 평가할 권리는 누구에게도 없다.

하루아침에 월세살이에서 집주인이 된 사람도 있을 것이다.

사람들의 입방아에 오르기 좋은 사건임이 틀림없다.

그러나 당신이 모르는 그 사람만의 수단과 방법이 있지 않을까?

내 인생은
별 볼 일 있는 삶이에요

그 사연까지 속속들이 알고자 하는 건
다른 사람의 삶을 의심하고 몰래 엿보는 것과 같다.

학창시절에 성적 변동이 많은 친구가 있었다.
하위권에서 맴돌던 친구가 어느 날 갑자기 상위권으로 올라갔다.
친구들은 물론 선생님도 그 친구를 의심했다.
그러나 그 학생은 그만한 능력을 갖춘 학생이었다.
조금만 노력해도 성적을 향상할 수 있는 천부적인 자질을 갖춘
두뇌가 명석한 아이.
그것을 알지 못하고 인정하지 않는 것은
자기 자신이 절대 할 수 없는 일을 하는
사람을 이해하지 못하기 때문이다.

사람은 모두 다르다.
당신이 절대 이해하지 못하는 부분을
아주 쉽게 잘 해내는 사람도 있다.
또한 당신이 아주 쉽게 생각하는 문제를
절대 생각하지 못하는 사람도 있다.
이러한 사실을 인정하는 사람은
타인의 삶으로 자신의 행복을 가로막는
어리석음을 범하지 않는다.

05

어떤 상황에서도
주눅 들지 말자

청소년 시절부터 막연하게 꿈꾸었던
작가라는 타이틀이 내게도 생겼다.
그러나 내 이름으로 낸 책만 있으면 더 이상 바랄 것이 없겠다는
생각은 책이 나오자마자 바뀌고 말았다.
책은 곧 판매와 직결된다는 사실을 모르는 바는 아니었지만
판매는 작가를 평가하는 일에 한몫한다는 것을 처음 알게 되었다.
나는 사람들이 나처럼 내용 위주로 책을 선별하는 줄 알았다.

두 권의 책이 나왔지만 사실 책으로 강의를 요청받는 일은
한 달에 고작 서너 번으로 실용서에 비할 수 없었다.
그래서 사람들이 강의할만한 내용을 선별해서 책을 쓴다는 것을
그때서야 이해할 수 있었다.

내 인생은
별 볼 일 있는 삶이에요

얼마 전 한 모임에서 특강을 의뢰받았는데 참석한 사람들 중 몇 분이
내가 쓴 책을 읽고 깊게 감동하여 팬이 되었다고 사인을 요청해 왔다.
그들은 지방에 근무하면서 연차까지 쓰며 내 강의를 듣기 위해
서울로 올라왔다고 했다.
이런 과분한 일이 또 있을까.
그들은 내게 깊은 감동을 주었고 나에게 새 힘을 갖게 해준
고마운 사람들이다.
아무것도 아닌 내게 기쁨을 준 그들에게 어떻게 보답해야 할까?

내가 할 수 있는 것은 그냥 평범하지만 나답게 살아가면서
그들의 편이 되어 마음을 나누는 일뿐이다.
그러기 위해서는 나는 계속해서 책을 쓸 수밖에 없다.
그들과 함께 나눌 수 있는 길은 바로 책이기 때문이다.

다른 사람에 비해 비록 내가 너무나도 작아 보일지라도
주눅 들거나 지나치게 겸손해질 필요는 없다.
내가 가장 존중해야 할 사람은 바로 나 자신이다.
부족함을 채우고 더 많은 것들을 할 수 있기에 감사할 뿐이다.

나는 나, 다른 무엇이 되려고 하지 말기

인생은 참 많은 갈림길과 위기를 동반한다.
모든 선택과 집중, 기회와 위기의 순간들을 거치면서
지금의 나를 만들어왔다.
그동안 무작정 읽어왔던 책들이 어느 순간 내 생각과 가치관에
영향을 주는 것을 발견해내듯이
그렇게 지나간 것들은 나의 삶에 많은 영향을 끼쳤다.

모든 것에서 완벽할 수 없는 삶이지만
나는 나대로 내 삶에서 최선을 다해왔다.
참으로 괜찮은 인생이라고 말할 수는 없지만
적잖이 다른 사람의 시기를 받는 것을 보면
내 삶이 그리 나쁘지는 않은 것 같다.

적어도 내가 누군가를 시기하고 질투하는 삶보다는
다른 누군가가 나를 시기하고 질투하는 삶이 나은 것 아닐까?
물론 겉으로 비치는 모습을 평가했겠지만 말이다.

질투와 시기는 감정을 마비시키는 독을 머금고 있다.
그것은 사실 질투의 대상이 아닌

질투하는 자신에게 치명적인 독을 발사한다.

내가 갖지 못한 것을 가진 상대가 모든 것을 다 갖지는 못한다.

내가 갖지 못한 것만 좇지 말고 내게 있는 것에 초점을 맞춰보자.

"나는 너보다 잘 나가진 않지만

내겐 너보다 가족들과 함께할 수 있는 시간이 더 많다."

"나는 너보다 좋은 집에 살고 있진 않지만

너보다 공기 좋은 곳에 살고 있어 좋다."

"나는 비록 너보다 월급을 적게 받지만,

비교적 안정적이고 나를 성장시켜줄

기회가 충분히 제공되는 회사에 다니고 있다."

"나는 좋은 차는 아니지만 어디든 갈 수 있는 데 전혀 문제가 없다."

이런 생각은 자기 암시이기도 하지만

자신의 마음과 생각을 보호해 주기도 한다.

지금 충분히 만족하고 행복하다면 이런 생각들은 필요 없겠지만

세상에 만족이란 거의 있을 수 없으므로

적당한 자기 합리화는 온전히 나를 보호하고 나로 살기 위한

하나의 방편이 되기도 한다.

내 인생은
별 볼 일 있는 삶이에요

나를 가린
장막 거둬내기

파이크 신드롬(Pike Syndrome)이라는 용어가 있다.

파이크는 물고기의 한 종류이다.

파이크라는 녀석을 수족관에 넣어두고 한쪽을 유리 벽으로 차단한 후

먹잇감이 될만한 작은 물고기를 다른 한쪽에 넣어두면

파이크는 그 먹잇감을 향해 필사적으로 공격을 가한다.

물론 유리 벽이 가려져 닿을 수 없지만 말이다.

수차례 반복하여 먹잇감 사냥에 실패한 파이크는 공격하려 할 때마다

부딪친 유리 벽에 다치고 아픈 기억을 저장한다.

이는 곧 공격하면 아프다는 경험으로

이후 유리 벽이 사라졌음에도 그 작은 물고기를 공격하지 않게 된다.

이를 파이크 신드롬 혹은 유리벽 효과라고 한다.

이는 우리가 어린 시절 겪었던 경험으로
두려움을 갖게 되는 것과 같다.
그로 인해 크게 다친 기억이 살아나
두려움이 앞서, 기회조차 외면한다.
하고는 싶지만 선뜻 나서기가 두려웠던 경험들은 없었는가?
이러한 경험들은 매번 생기는 문제를 해결하지 못하도록 방해한다.

사람은 현재 순간을 살지만
많은 부분을 오래된 기억을 더듬거리며 살아간다.
현재 상태를 그대로 받아들이는 것이 아니라
예전의 기억과 정보들을 총집합시켜 해석하고 판단한다.
좋지 않았던 기억을 확대시켜 재해석하고
위험 인자로 분류하여 경계하거나 회피한다.

우리는 현실에서 살지만
사실은 현재에 존재하지 않을지도 모르겠다.
이런 어둠의 장막이 완전히 걷히지 않는 이상
우리는 현실 너머의 기억 저편에서 여전히 머물 수밖에 없다.
우리가 지금 어떤 상황에서 망설이게 되거나 두려워 꼼짝하지 못할 때
스스로 되물어야 한다.
내게서 나오는 생각이 실제인지,

아니면 기억 속에 남아있는 어두운 장막인지 말이다.

생각의 시스템을 변화시키기

사람마다 삶의 부분들을 다루는 데 있어 그 능력의 차이는
분명히 존재한다.
똑같은 역경과 고난 속에서 낙심하는 것은 자명하다.
그러나, 어떤 사람들은 빨리 정신 차리고, 극복하려고 노력하지만
어떤 사람들은 낙심만 하느라
많은 시간을 고통 속에서 살게 된다.
이를 극복하는 능력을 '회복력'이라 말한다.
생각하기 나름이라는 말을 우리는 아주 흔하게 사용한다.
회복력은 이 생각하기 나름이라는 데 기여한다.
회복력을 강화시키는 방법은 시스템을 변화시키는 훈련이다.
즉, 생각의 관점을 바꾸는 것이다.
사람들은 충분한 정보도 없이 당장 눈앞에 닥친 상황만 보고
속단하여 스스로 절망 가운데로 몰아넣기도 한다.

회복력이 강한 사람들은 한 부분만을 보고 전체를 판단하지 않는다.
상황을 바로 보고 인식하며 현실을 볼 줄 안다.

그들은 감각과 감정들을 지배하며 생각과 행동을 만들어낸다.

나는 비교적 회복력이 강한 사람이다.
사실 나의 행복을 위한 방편이기도 하지만
이런 나를 이해하지 못하는 사람들도 꽤 많다.
그것은 그만큼 회복능력을 갖춘 사람들이 적다는 것을 의미한다.

같은 크기의 역경과 고난일지라도
그것을 대하는 방식은 사람마다 다르다.
우리의 경험과 기억 저편의 조각들이 신념과 생각의 틀을 만든다.
같은 상황일지라도 달라진 세상만큼 경험도 달라질 수 있다.

상황의 작은 부분만 보고 속단하는 것은
자기 생각을 틀에 묶는 것과 같다.
어떠한 어려움이 생기더라도
두려워하지 말고 상황을 바로 보고 판단하며
문제 해결을 위해 생각의 방향을 전환하는 시스템이 작동할 수 있길
감히 바라본다.

행복해지기 위해 애쓰지 말 것

사람들은 나를 두고 말했다.

"성실한 남편과 세 아이를 두고 부족함 없이 살아가니 행복하시겠어요."

"늘 여유 있어 보이고 걱정 근심이 전혀 없어 보여요. 저희 신랑이 참
이상적인 가정이라고 부러워해요."

그랬다. 난, 그런 소리를 듣고 싶어 참 애썼다.

행복이라는 이상을 꿈꾸었지만 실현되지 않자 화가 났고,

다른 사람들에게 행복하지 않은 나의 삶을 보이고 싶지 않아

행복이라는 가면을 쓰고 철저히 속이며 살아왔다.

그래서 무리하게 생활했었고,

가족들까지 힘들게 했던 그런 날들이 있었다.

그러나 행복해지기 위해 애쓸수록 난 더욱 힘들었다.

한때는 현실을 부정하며 심각한 우울증에 빠진 적도 있었다.

나는 수없이 많은 질문을 내게 던졌다.

'내 삶이 어때서 자꾸만 감추려 하는 거지?'

'나는 왜 다른 사람들에게 행복해 보이기 위해 내 삶을 희생하는 거지?'

'내가 뭐 어때서?'

그리고 알았다.

행복해 보이는 사람들 역시 애쓰며 살아간다는 것을,

다른 사람들보다 더 행복해 보이고 싶고,

행복해지기 위해 치열하게 산다는 것을.

우리의 삶은 기쁘거나 슬프거나, 행복에 겨워

온통 무지갯빛으로 찬란할 때도 있다.

또한, 절대 원치 않았던 충격적이고 불행한 일들과 마주할 수도 있다.

내 몸과 마음을 가지고 살면서

무엇 하나 누리는 것이 내 마음과 같지 않다면

삶은 그리 행복하지도, 즐겁지도 않을 것이다.

아주 사소하지만 복잡한 현실 속에서 부딪치는 많은 일들에

우리는 때때로 힘들어한다.

그러나 어차피 피할 수 없다면,

그 속에서 자신만의 방식을 찾는 것이 유리하다.

세상이 원하는 요구 사항들을 맞춰주느라 애쓸 필요 없다.

그것은 불가능한 일이며 그럴 필요 또한 우리에겐 없다.

나는 오롯이 나로 살아갈 것이며, 내가 살아가는 방식을
이타저타 말할 권리는 누구에게도 없다.
여기서 핵심은 삶을 비관하거나 세상을 탓하는 것이 아니다.
그러한 삶을 수용하고 맞서기 위해 절대적인 용기가 필요하다는 것을
알려주고 싶다.
내가 원하는 삶으로 전환하며
타인과의 타협이 아닌 오로지 나와의 타협으로
자신을 스스로 위로해야 한다.

외부로 향하는 내 감정을
안으로 끌어들여 자신을 중심으로
세상을 움직이는 용기를 가져야 한다.
그것이 이기적으로 보일지라도 상관없다.
어차피 사람은 철저한 자기주의자다.
어떠한 것을 선택하든 편의를 위한 자기 선택이며,
가능하면 그 선택에서 후회 없는 삶을 살아가길 바란다.
완전한 사람은 없다. 완벽한 삶도 없다.
우리는 모두 삶의 한 귀퉁이를 비워두고 살아간다.
그 또한 생존하기 위함이다.
그러므로 이유 없는 항쟁은 없고, 의미 없는 인생은 없다.

그래도 살만한 세상이며, 아름다운 세상이다.
그 모든 것들을 우리는 자유롭게 누리며,
행복하게 살아갈 권리가 있다.

물 한 방울의 소중함을 아는 것도,
비좁은 방 한쪽 몸을 누일 공간이 있어 다행인 것도
결핍으로 인해 간절함을 경험해 본 사람만이 아는 진리다.
어떠한 상황이든 살아있다는 것은 소중하다.
그 소중함을 지켜낼 권리는 오직 자신에게 있다.
누구도 우리의 삶을 구속하고 침범하여
강탈해갈 수 없다.

당신의 삶이 어떠하든 삶에 굴복하지 말기 바란다.
우리의 삶은 언제든 변화 가능하며,
지금보다 더 아름답고 찬란할 수 있으므로
더 당당하게 가슴을 활짝 펴고 소리쳐보자.
행복은 애써서 잡는 것이 아니다.
오로지 자신의 삶에 감사하며 작은 것이라도
누릴 줄 아는 자에게 행복은 저절로 찾아든다.